AF237863

EL CONFLICTO EN LAS RELACIONES LABORALES

Lucía Inmaculada Llinares Insa
Pilar González Navarro

P U V
VNIVERSITAT
ĐVALÈNCIA

Colección: Educació. Laboratori de Materials, 92

Este texto ha sido publicado en el marco de los programas desarrollados dentro de la «Convocatoria del Ministerio de Educación y Ciencia para la financiación de la adaptación de las instituciones universitarias al Espacio Europeo de Educación Superior» (septiembre de 2006)

Publicacions de la Universitat de València
https://puv.uv.es
publicacions@uv.es

Maquetación: Belén Santiago González
Diseño de la cubierta: Celso Hernández de la Figuera

ISBN: 978-84-1118-308-6
Depósito legal: V-319-2024

Impreso en España

ÍNDICE

COMENZAMOS...

¿CREES QUE ES POSIBLE LA GESTIÓN POSITIVA DEL CONFLICTO LABORAL?

CASO PRÁCTICO 1 - EMPRESA MERCASOLER S.A.

El personal que trabaja en la empresa de MercaSoler S.A. está molesto/a con la política de movilidad geográfica que tiene su empresa desde hace varios años cuando empezó la crisis en el sector. La dirección acordó con el personal que, para que la empresa fuera sostenible, iban a hacer algunos reajustes en los sistemas de trabajo con beneficios para la plantilla y la propia empresa. En un principio, el personal que trabaja en la empresa estaba contento ya que un día a la semana podrían trabajar desde sus domicilios y, únicamente, un día a la semana tendrían que viajar a otras comarcas. Sin embargo, la demanda de los nuevos productos ofrecidos por la empresa les ha llevado a que rotativamente una semana tengan que trabajar desde sus domicilios y la siguiente semana estén fuera de su zona. Por este motivo tienen que viajar y prácticamente vivir fuera toda la semana. Esto les supone un gran coste económico que la empresa no está dispuesta a asumir.

El pasado día 3 de febrero mantuvieron una reunión los/as trabajadores/as y la junta directiva. Ambas partes tenían una postura encontrada y ninguna de las partes estaba dispuesta a ceder. Es por ello que la plantilla ha empezado a convocar paros intermitentes en su trabajo y, si no obtienen ninguna respuesta por parte de la empresa, han pensado comenzar una huelga indefinida. Si esta situación continúa durante mucho tiempo, la empresa no podrá hacer entrega de los pedidos que tienen comprometidos y, aunque la plantilla dejará de viajar, sus salarios se reducirán un 50%.

ANTES DE EMPEZAR...

ACTIVIDAD 1: *PENSEMOS ... EN EL CONFLICTO*

1. ¿Qué ha pasado en el caso que hace pensar en la existencia de un conflicto?

2. ¿Cómo se expresa el conflicto en el caso?

   - ¿Se ofrecen posturas conciliadoras?
   - ¿Se presentan posturas extremas?
   - ¿Alguna parte parece tener más conflicto que otra?

3. ¿Es habitual presentar estos comportamientos?

ACTIVIDAD 2: *¿QUÉ ES PARA MÍ EL CONFLICTO?*

En la siguiente relación de nombres y adjetivos señala los que se relacionan con la palabra **CONFLICTO**

Enfrentamiento		Oposición	
Violencia		Riqueza	
Suerte		Crisis	
Crecimiento		Equilibrio	
Choque		Cambio	
Hostilidad		Problema	
Oportunidad		Gritos	
Progreso		Ruptura	
Vida		Reconocimiento	
Pérdida de control		Autonomía	
Desarrollo		Resolución	
Encontronazo		Peligro	
Sufrimiento		Rectificación	
Pelea		Duelo	
Solución		Colisión	
Aprendizaje		Agresión	
Dificultad		Salud	
Acción		Malestar	

MIRA ESTO... https://www.youtube.com/watch?v=hkMBjVaFpy0

LO QUE NECESITAMOS SABER...

12

Introducción 1

Las organizaciones actuales son sistemas complejos que necesitan responder a las demandas de flexibilidad y perspectiva global para continuar siendo competitivas (Martínez y Zornoza, 2011; Huapaya, 2022). Estas están compuestas por individuos, grupos, departamentos y secciones con intereses particulares además de los intereses comunes que dan sentido a su existencia. Hay diferentes perspectivas individuales, grupales y organizacionales que guían las acciones en cada uno de estos niveles.

Imagínese que es parte del personal en una gran empresa. Seguramente sus intereses están en parte alineados con los de su equipo (por ejemplo, vender 'x' cantidad del producto) pero también hay objetivos personales que pueden perjudicar a su equipo (por ejemplo, quiere pedir una reducción de jornada a pesar de que es una pieza indispensable en el equipo). Así pues, el conflicto de intereses entre las partes que integran una organización es un aspecto inherente a la dinámica organizacional. De hecho, es bastante frecuente que lo que otros hacen nos afecte, que lo que otros tienen repercuta en lo que nosotros tenemos, que las cosas se vean de manera diferente a cómo nosotros las vemos, que aquello que nos beneficia pueda perjudicar a otros, que cuando decimos lo que pensamos alguien no esté de acuerdo, que lo que para algunos sea un inconveniente para otros no y así con muchas facetas del día a día laboral.

El conflicto por definición tiene un significado de choque o confrontación. En este sentido, durante mucho de tiempo se ha considerado al conflicto como algo negativo que tenía que ser evitado o eliminado. En las organizaciones, el conflicto era considerado un resultado negativo fruto de una mala gestión y con costes de diversa índole. Se vinculaba a una comunicación inadecuada, falta de apertura y confianza entre los miembros de la organización y una escasa consideración por parte de los jefes o directivos hacia las aspiraciones y deseos de los trabajadores. Hoy sabemos que el conflicto es inherente al ser humano y que la interacción con otros lleva implícito el discrepar y tener intereses y necesidades contrapuestas. Por lo tanto, no se trata de evitarlo porque no es posible sino de gestionarlo de tal forma que podamos obtener alguna ventaja del mismo (Petrone, 2022). Así, junto a los aspectos negativos del conflicto, hay factores constructivos y beneficiosos que son los que hay que maximizar (como por ejemplo: mejorar la toma de las decisiones, desarrollar la creatividad, aumentar la cohesión e integración organizacional, servir de ayuda para definir la estructura interna, ser motor de cambio, etc.). Todo ello son aspectos funcionales del conflicto (Robbins, 2004). Las organizaciones tienen que aceptarlo y saber gestionarlo ya que es un indicador del grado de desarrollo y/o maduración organizacional.

En las secciones siguientes abordaremos el concepto de conflicto y su tipología. Posteriormente, se analizará el proceso de evolución de un conflicto desde sus antecedentes potenciales pasando por las diferentes etapas hasta la gestión y las posibles consecuencias para los implicados.

Conflicto: Conceptualización y tipos 2

El conflicto desde su perspectiva clásica era entendido como un desacuerdo entre dos individuos que causa o tiene cierto potencial para causar daño en una organización (Kfouri y Lee, 2019). Sin embargo, esta definición no atiende a la compleja realidad de las organizaciones. Una definición del conflicto más acorde supone entender el conflicto como un estado psicológico que aparece cuando diferentes partes perciben que sus aspiraciones y las de otra parte no pueden ser logradas simultáneamente (González-Navarro et al., 2012). De esta forma, el conflicto es una oposición de fuerzas entre diferentes partes pero se elimina la visión negativa del mismo.

Vamos a concretar ciertos elementos que nos pueden ayudar en la conceptualización del conflicto:

A. Siempre existe interdependencia entre las partes (por ejemplo, recursos compartidos, procesos simultáneos, intereses que se influencian, etc.).

B. Es una experiencia subjetiva de incompatibilidad. No necesariamente está acompañada de elementos objetivos.

C. La experiencia de incompatibilidad debe ser percibida por las partes implicadas. Si una de las partes no lo percibe es posible que no se manifieste en el entorno de trabajo. Podría generar sintomatología en la persona pero no en el contexto laboral.

D. Normalmente aparece cuando existen recursos escasos o actividades incompatibles.

E. Lleva emparejados conductas de gestión.

F. Tiene consecuencias para las partes implicadas y para la organización.

CASO PRÁCTICO 1 - EMPRESA MERCASOLER S.A.

El personal que trabaja en la empresa de MercaSoler S.A. está molesto/a con la política de movilidad geográfica que tiene su empresa desde hace varios años cuando empezó la crisis en el sector. La dirección acordó con el personal que, para que la empresa fuera sostenible, iban a hacer algunos reajustes en los sistemas de trabajo con beneficios para la plantilla y la propia empresa. En un principio, el personal que trabaja en la empresa estaba contento ya que un día a la semana podrían trabajar desde sus domicilios y, únicamente, un día a la semana tendrían que viajar a otras comarcas. Sin embargo, la demanda de los nuevos productos ofrecidos por la empresa les ha llevado a que rotativamente una semana tengan que trabajar desde sus domicilios y la siguiente semana estén fuera de su zona. Por este motivo tienen que viajar y prácticamente vivir fuera toda la semana. Esto les supone un gran coste económico que la empresa no está dispuesta a asumir.

El pasado día 3 de febrero mantuvieron una reunión los/as trabajadores/as y la junta directiva. Ambas partes tenían una postura encontrada y ninguna de las partes estaba dispuesta a ceder. Es por ello que la plantilla ha empezado a convocar paros intermitentes en su trabajo y, si no obtienen ninguna respuesta por parte de la empresa, han pensado comenzar una huelga indefinida. Si esta situación continúa durante mucho tiempo, la empresa no podrá hacer entrega de los pedidos que tienen comprometidos y, aunque la plantilla dejará de viajar, sus salarios se reducirán un 50%.

Otro elemento importante para profundizar en el conocimiento del conflicto es identificar quién o quiénes están implicados en el conflicto. No es lo mismo que el conflicto aparezca entre personas que trabajan en un mismo nivel que entre personas que trabajan en niveles diferentes dentro de la organización e incluso entre organizaciones diferentes. Esto es importante porque sus objetivos y metas pueden ser o no las mismas dependiendo de los agentes implicados en el conflicto. Así, podemos distinguir entre varios tipos de conflicto en función de los agentes implicados (Schermerhorn, 1989; Ormanovic et al., 2022):

A) Conflicto intrapersonal o interno de la persona: un individuo tiene que elegir entre dos alternativas excluyentes, de forma que hay una oposición entre ambas. Se trata, en general, de una situación de desajuste entre lo que la persona quiere y lo que puede obtener. Por ejemplo, cuando el personal recibe demandas de trabajo que son incompatibles entre sí o la tarea a realizar está en contradicción con su sistema de valores. En estos casos, la persona percibe cierta incompatibilidad dentro de un mismo rol (ambigüedad de rol) o de roles diferentes (conflicto de rol). Por lo tanto, el conflicto intrapersonal puede darse cuando la persona persigue objetivos diferentes con las metas de la organización o no sabe qué actividades tiene que realizar para el logro de los objetivos organizacionales.

B) Conflicto interpersonal o entre individuos: implica la oposición de intereses entre personas en un colectivo (por ejemplo, dentro de un equipo de trabajo, una organización, etc.). Es el conflicto que sucede cuando diferentes componentes del grupo tienen necesidades y demandas enfrentadas que no pueden cumplirse de manera simultánea. También puede darse entre individuos de la misma organización por las diferentes responsabilidades que asumen o por las presiones relacionadas con sus roles. Suele ocurrir cuando hay una alta interdependencia entre trabajadores en el mismo nivel.

C) Conflicto intergrupal o entre grupos: el enfrentamiento, en este caso, se produce a causa de las necesidades contrapuestas de dos o más grupos en la organización (por ejemplo, entre diferentes stakeholders, departamentos o secciones), de forma que no se puede satisfacer al mismo tiempo los intereses de los varios grupos. Este tipo de conflicto es bastante habitual en las organizaciones actuales a causa, sobre todo, de la diferenciación departamental, la ambigüedad y la porosidad de las organizaciones (por ejemplo, alta competitividad y/o economía del conocimiento) y la escasez de recursos. Un ejemplo de este conflicto aparece cuando dos departamentos se disputan una asignación presupuestaria limitada o cuando el comité de empresa negocia con la dirección una mejora salarial.

D) Conflicto interorganizacional (entre dos o más organizaciones): se trata también de un conflicto habitual en un entorno dinámico y competitivo con fuertes demandas del mercado y competencia entre recursos materiales y humanos. Ocurre cuando hay intereses contrapuestos entre organizaciones diferentes como pueden ser una empresa y los sindicatos, instituciones legislativas y organizaciones que tienen que acatar las leyes elaboradas por las primeras, o entre organizaciones con los mismos intereses con recursos limitados.

Hay que mencionar que estos niveles o tipos de conflicto no son excluyentes entre sí; pueden ocurrir en paralelo o pasar de un tipo a otro.

REFLEXIÓN 1: *El conflicto según los agentes implicados*

Existen distintos tipos de conflictos en la vida organizacional (Schemerhorn, 1989; Ormanovic et al., 2022). Uno de ellos es el denominado conflicto interpersonal. Este tipo de conflicto supone:

a.   La existencia de un enfrentamiento por necesidades contrapuestas de dos o más grupos en la organización de modo que no se puede satisfacer al mismo tiempo los intereses de ambos grupos.

b.   La existencia de un conflicto interno del individuo en el que tiene que elegir entre dos alternativas excluyentes.

c.   La oposición de intereses de diferentes personas en el seno de una organización.

d.   La oposición de intereses contrapuestos que corresponden a organizaciones distintas tomadas éstas como una unidad.

CASO PRÁCTICO 1 - *Indica el tipo de conflicto que aparece en la EMPRESA MERCASOLER S.A*

El personal de la empresa MercaSoler S.A. están molestos/as con la política de movilidad geográfica que tiene su empresa desde hace varios años cuando empezó la crisis en el sector. La dirección acordó con el personal que, para que la empresa fuera sostenible, iban a hacer algunos reajustes en los sistemas de trabajo con beneficios para la plantilla y la propia empresa. En un principio, el personal que trabaja en la empresa estaba contento ya que un día a la semana podrían trabajar desde sus domicilios y, únicamente, un día a la semana tendrían que viajar a otras comarcas. Sin embargo, la demanda de los nuevos productos ofrecidos por la empresa les ha llevado a que rotativamente una semana tengan que trabajar desde sus domicilios y la siguiente semana estén fuera de su zona. Por este motivo tienen que viajar y prácticamente vivir fuera toda la semana. Esto les supone un gran coste económico que la empresa no está dispuesta a asumir.

El pasado día 3 de febrero mantuvieron una reunión los/as trabajadores/as y la junta directiva. Ambas partes tenían una postura encontrada y ninguna de las partes estaba dispuesta a ceder. Es por ello que la plantilla ha empezado a convocar paros intermitentes en su trabajo y, si no obtienen ninguna respuesta por parte de la empresa, han pensado comenzar una huelga indefinida. Si esta situación continúa durante mucho tiempo, la empresa no podrá hacer entrega de los pedidos que tienen comprometidos y, aunque la plantilla dejará de viajar, sus salarios se reducirán un 50%.

El proceso de conflicto   3

Todo conflicto sigue un proceso entre los primeros síntomas y sus consecuencias (ver figura 1); pero no todo conflicto sigue evolutivamente todas las etapas o se detiene de la misma forma en cada etapa. Ahora bien, es necesario conocer cada etapa, la forma que ha adoptado en ese conflicto particular y qué zonas son más difíciles o fáciles para realizar una gestión positiva del conflicto.

1

ANTECEDENTES Y SÍNTOMAS

2

DESCRIPCIÓN COGNITIVA Y EMOCIONAL

3

INTENCIONES CONDUCTUALES

4

CONDUCTAS DE GESTIÓN

5

RESULTADOS Y CONSECUENCIAS

Figura 1. Proceso de conflicto (González-Navarro et al., 2012)

Para conocer los diferentes elementos que intervienen, a continuación se presentan los aspectos más relevantes de cada una de las etapas. Se va a profundizar en su análisis y en las diferentes técnicas, estrategias y condiciones idóneas para su gestión positiva.

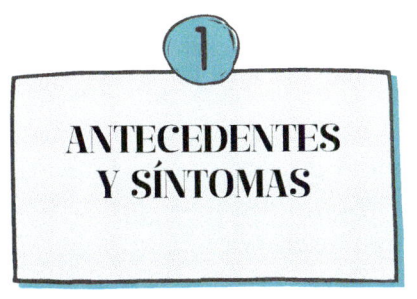

ANTECEDENTES Y SÍNTOMAS

Todo conflicto se inicia con alguna oposición o incompatibilidad potencial entre las partes implicadas y, también, con una sintomatología que hace evidente la presencia del conflicto. Esta primera etapa es clave en el análisis de conflicto ya que, a veces, una gestión positiva supone modificar o mover algunos elementos estratégicos.

Como ocurre con el efecto domino, ese movimiento puede alterar las condiciones que motivaron el conflicto. Otro de los elementos que es importante analizar en la primera etapa del proceso de conflicto es la sintomatología que muestra que existe un conflicto. En esta etapa es necesario no confundir los síntomas con los antecedentes o fuentes potenciales del conflicto. Fundamentalmente, porque una gestión positiva del conflicto requiere identificar los síntomas como síntomas y no como fuentes del conflicto. Una intervención sobre los síntomas para afrontar dicho conflicto sólo podría agravar el conflicto. Así pues, el primer paso es identificar los síntomas y separarlos de las fuentes potenciales que son las que han generado el conflicto y son las que se deben abordar para hacer una gestión positiva del conflicto.

Cuando hay ciertas condiciones o elementos que generan oposición o incompatibilidad, esto puede ser un antecedente potencial de conflicto. Es potencial porque su presencia puede ser el inicio del conflicto aunque no necesariamente genere un conflicto. Así pues, siendo una condición necesaria, no es suficiente para poder hablar de conflicto. Habrá que esperar a la etapa siguiente (descripción cognitiva y emocional del conflicto) para poder afirmar que determinadas condiciones fueron los antecedentes de un conflicto.

De entre los antecedentes potenciales podemos destacar los siguientes (González-Navarro et al., 2012; Ormanovic et al., 2022):

- **Factores estructurales de la organización;** por ejemplo, el tamaño de los grupos de trabajo, el grado de especialización de las tareas, las fronteras en las responsabilidades, los estilos de liderazgo, los sistemas de recompensas, el nivel de dependencia en la realización de las actividades, la alta competitividad, etc.

- **Los problemas de comunicación;** por ejemplo, cómo se transmite la información, la sobrecarga de información, el uso de algunos medios de comunicación que generan malos entendidos, los sesgos cognitivos en la percepción de la información, la comunicación ambigua, la comunicación inapropiada, la falta de escucha activa, etc.

- **Variables personales;** por ejemplo, las diferencias en creencias, valores y percepciones, los caracteres diferentes, la desconfianza, las características de personalidad, etc.

- **Existencia de recursos escasos.** La existencia de recursos escasos es una fuente potencial de conflicto altamente frecuente dentro del contexto organizacional. Esto sucede, sobre todo, cuando las partes implicadas llevan a cabo acciones para asegurarse ciertos recursos con independencia de su repercusión en las otras partes de la organización. Estas conductas, generalmente de competición, poseen un alto potencial en la aparición de conflictos. Cuando las unidades de una organización tienen acceso a recursos ilimitados de mano de obra, dinero, materiales, equipo y espacio, no se presenta el problema de cómo compartir tales recursos. El potencial de conflicto existe cuando los recursos son limitados y tienen que distribuirse de modo que, inevitablemente, algunos grupos o personas reciban menos de lo que desean o necesitan. Nos hallamos ante situaciones de suma cero y suelen generar la negación de los intereses del otro y la lucha por la satisfacción de los intereses propios. Por ejemplo: la distribución de despachos con diferentes características físicas se convierte en un recurso escaso con alto potencial para ser foco del conflicto.

- **Desacuerdos en procedimientos y reglas colectivas.** El conflicto surge como consecuencia de los intentos de planificación y coordinación de las actividades de trabajo. Las organizaciones tienden a especializarse o diferenciarse en grupos y departamentos que pueden llegar a generar diversidad de metas. Cuando los grupos siguen fines distintos o contradictorios aparecen conflictos de intereses o prioridades, aunque todos compartan las metas globales de la organización. Por ejemplo, cuando los miembros de un equipo o de distintos departamentos presentan diferentes metas y puntos de vista puede llegar a resultarles difícil ponerse de acuerdo en un programa de acción concreto.

- **Dependencia en el desarrollo de actividades de trabajo.** Existe dependencia cuando dos o más subunidades dependen unas de otras para completar sus respectivas tareas. En estos casos, la sobrecarga de trabajo se convierte en una fuente adicional de conflicto ya que aumenta la tensión entre las partes implicadas. El potencial de conflicto es máximo cuando una unidad no puede empezar su trabajo hasta que otra complete el suyo. También resulta más probable que se acusen los unos a los otros de incumplir sus responsabilidades. Así pues, cuando la tarea de una parte, persona, departamento u organización depende de la realización de la tarea de otra parte, persona, departamento u organización, cualquier desajuste en el proceso es un alto potencial de conflicto en función del grado de dependencia.

ACTIVIDAD 3: ¿CÓMO ME DOY CUENTA QUE EXISTE UN CONFLICTO EN EL TRABAJO?

INDICA LOS SÍNTOMAS QUE MUESTRAN QUE EXISTE UN CONFLICTO LABORAL

Orden	Síntomas

CASO PRÁCTICO 1 - Síntomas que podemos apreciar en la EMPRESA MERCASOLER S.A.

El personas que trabaja en la empresa de MercaSoler S.A. están molestos/as con la política de movilidad geográfica que tiene su empresa desde hace varios años cuando empezó la crisis en el sector. La dirección acordó con el personal que, para que la empresa fuera sostenible, iban a hacer algunos reajustes en los sistemas de trabajo con beneficios para la plantilla y la propia empresa. En un principio, el personal que trabaja en la empresa estaba contento ya que un día a la semana podrían trabajar desde sus domicilios y, únicamente, un día a la semana tendrían que viajar a otras comarcas. Sin embargo, la demanda de los nuevos productos ofrecidos por la empresa les ha llevado a que rotativamente una semana tengan que trabajar desde sus domicilios y la siguiente semana estén fuera de su zona. Por este motivo tienen que viajar y prácticamente vivir fuera toda la semana. Esto les supone un gran coste económico que la empresa no está dispuesta a asumir.

El pasado día 3 de febrero mantuvieron una reunión los/as trabajadores/as y la junta directiva. Ambas partes tenían una postura encontrada y ninguna de las partes estaba dispuesta a ceder. Es por ello que la plantilla ha empezado a convocar paros intermitentes en su trabajo y, si no obtienen ninguna respuesta por parte de la empresa, han pensado comenzar una huelga indefinida. Si esta situación continúa durante mucho tiempo, la empresa no podrá hacer entrega de los pedidos que tienen comprometidos y, aunque la plantilla dejará de viajar, sus salarios se reducirán un 50%.

REFLEXIÓN 2: *Fuentes potenciales de conflicto*

Cuando dos partes encuentran que es imposible llegar a un acuerdo porque lo que uno obtenga no puede conseguirlo el otro estamos ante un conflicto sobre:

1. La existencia de recursos escasos.

2. Desacuerdos en procedimientos y reglas colectivas.

3. Diferencias en valores y percepciones.

4. La dependencia de actividades de trabajo.

CASO PRÁCTICO 2 - ¿Qué tipo de conflicto, síntomas y fuente potencial de conflicto podemos observar en *el personal del departamento de innovación de la empresa MOTOR S.A.?*

Andrés es el jefe de un grupo de trabajadores/as dedicados a la investigación de un nuevo motor para coches en el Departamento de Innovación de la empresa MOTOR S.A. Con el incremento del costo de la materia prima se necesita un presupuesto superior al que inicialmente se había presupuestado. En concreto, necesitan 300.000 euros. Sin embargo, el Departamento Financiero de la empresa MOTOR S.A. también ha tenido que hacer algunos reajustes en los presupuestos y sólo les ha asignado 150.000 euros. Andrés, como jefe de grupo, ha solicitado una reunión con el director del Departamento Financiero para intentar alcanzar un acuerdo económico que les permita finalizar el nuevo modelo de motor. Sin embargo, hasta el momento, ambas partes tienen una postura encontrada y ninguna cede; se limitan a mostrar sus argumentos sin atender las razones que pueda presentar la otra parte. Si no llegan a un acuerdo, la empresa habrá perdido todo el tiempo que el Departamento de Innovación ha dedicado a la fabricación del nuevo motor, así como la inversión económica ya realizada. Además, el Departamento de Producción tampoco podrá continuar con su trabajo ya que todo el departamento estaba centrado en esta innovación.

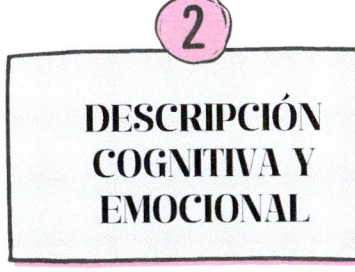

2 DESCRIPCIÓN COGNITIVA Y EMOCIONAL

Esta etapa ocurre cuando alguno de los antecedentes potenciales de conflicto consigue que la otra parte/s implicada/s perciban y sientan que la otra bloquea o puede bloquear sus objetivos, intereses, necesidades o expectativas. Para ello, es necesario que exista conciencia o percepción del conflicto además de cierta implicación emocional para que continúe el proceso de conflicto.

En esta etapa es cuando se definen los temas que están en conflicto. Para ello se necesita dar respuesta a todas las posibles cuestiones e interrogantes sobre el conflicto potencial. De esta forma, se podrá describir el escenario del conflicto. Con este fin es necesario contestar las siguientes preguntas: ¿quién/es están implicados? ¿Cuándo ocurre? ¿Dónde tiene lugar? etc. Es decir, se trata de conocer cognitivamente el conflicto: el qué, cuándo, cómo, quién, dónde y por qué del conflicto. La descripción de este escenario tiene importantes consecuencias en el progreso y los posibles resultados del conflicto ya que existen algunas condiciones del escenario que pueden jugar a favor o en contra de la gestión positiva del mismo. Estas condiciones son el tipo de conflicto que está en juego, el nivel de interdependencia que existe entre las partes y el nivel de tensión presentado.

Los tipos de conflicto que pueden aparecer en función del foco del conflicto son:

- **Conflicto de tarea** – Las partes muestran diferencias en sus puntos de vista, ideas y/o opiniones sobre las tareas a realizar.

- **Conflicto de relación** – Las partes enfrentadas muestran incompatibilidad personal en gustos, ideas, valores, etc. independientemente de la tarea a realizar.

- **Conflicto de proceso** – Son disputas relacionadas con la manera de proceder y distribuir tareas y responsabilidades.

El grado de interdependencia entre las partes en conflicto tiene importantes consecuencias en la evolución del mismo. Cuando existe interdependencia positiva, las partes tiene metas comunes aunque no exista acuerdo en la forma de conseguirlas. Sin embargo, cuando la interdependencia es negativa, las partes perciben que sus metas son incompatibles; es decir, no perciben metas comunes.

Por otra parte, el nivel de tensión/ansiedad que aparece entre las partes también afecta directamente al procesamiento de la información y la capacidad para buscar e integrar información. Puede afectar en la generación de pensamientos y/o creencias irracionales, distorsiones cognitivas, etc.

Así, en esta etapa se produce una toma de conciencia del conflicto que permite que cada parte haga una interpretación de la situación, de las acciones y los intereses de la otra parte. Por lo tanto, esta etapa del proceso es importante porque es cuando se delimitan las cuestiones en conflicto y, necesariamente, la implicación emocional de las partes hará que surjan las emociones pertinentes y se establezcan las bases para la etapa siguiente, la etapa de las intenciones conductuales.

REFLEXIÓN 3: *Tipo de conflicto*

¿Qué tipo de conflicto se observa, cuando una de las partes del conflicto piensa: 'lo único que quiere la otra parte es nuestro fracaso y que paguemos por lo que les hizo mi padre'?

a. Conflicto de tarea.

b. Conflicto intralaboral.

c. Conflicto de relación.

d. Conflicto intrapersonal.

CASO PRÁCTICO 2 – *¿Qué tipo de conflicto, nivel de tensión e interdependencia de metas podemos observar en la empresa MOTOR S.A.?*

Andrés es el jefe de un grupo de trabajadores/as dedicados a la investigación de un nuevo motor para coches en el Departamento de Innovación de la empresa MOTOR S.A. Con el incremento del costo de la materia prima se necesita un presupuesto superior al que inicialmente se había presupuestado. En concreto, necesitan 300.000 euros. Sin embargo, el Departamento Financiero de la empresa MOTOR S.A. también ha tenido que hacer algunos reajustes en los presupuestos y sólo les ha asignado 150.000 euros. Andrés, como jefe de grupo, ha solicitado una reunión con el director del Departamento Financiero para intentar alcanzar un acuerdo económico que les permita finalizar el nuevo modelo de motor. Sin embargo, hasta el momento, ambas partes tienen una postura encontrada y ninguna cede; se limitan a mostrar sus argumentos sin atender las razones que pueda presentar la otra parte. Si no llegan a un acuerdo, la empresa habrá perdido todo el tiempo que el Departamento de Innovación ha dedicado a la fabricación del nuevo motor, así como la inversión económica ya realizada. Además, el Departamento de Producción tampoco podrá continuar con su trabajo ya que todo el departamento estaba centrado en esta innovación.

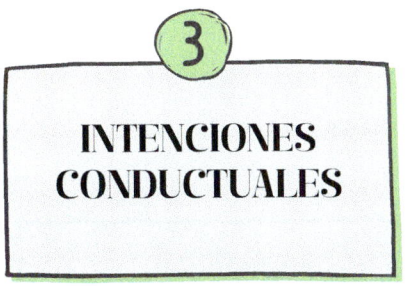

INTENCIONES CONDUCTUALES

Las intenciones conductuales que las partes en conflicto tienen para gestionar sus desacuerdos está en función de la descripción cognitiva y la implicación emocional analizada en la etapa previa. En general, la literatura sigue el modelo de Thomas (1976; 1992) que permite identificar cinco estilos de gestión del conflicto.

○ **Competición**: se origina cuando buscamos conseguir nuestros objetivos independientemente de lo que el otro pueda obtener. Es un estilo apropiado cuando es necesaria una acción rápida, cuando la otra parte tiene dificultades para tomar la decisión y/o cuando las relaciones interpersonales no son relevantes. No sería apropiado si existe la posibilidad de acuerdos integradores para las partes.

○ **Colaboración**: se trata de la intención conductual de mayor nivel ya que permite que ambas partes lleguen a un acuerdo que satisfaga los intereses de ambas. Es un estilo apropiado cuando se dispone de suficiente tiempo ya que es complejo integrar las necesidades de las partes. Además, son necesarias ciertas habilidades de interacción para que esto sea posible. No sería apropiado cuando el tema en conflicto es simple o tenemos presión temporal.

○ **Evitación**: es una forma de salirse del conflicto o de negar que existan diferencias. Sería apropiado cuando el tema no es importante y/o no existe posibilidad de satisfacer los intereses propios. No sería apropiado cuando se tiene la responsabilidad de gestionar la situación.

○ **Complaciente / Acomodación / Servilismo**: se presenta cuando la armonía y la estabilidad son importantes. Sería correcto en situaciones en las que se han cometido errores y/o situaciones de aprendizaje. No sería correcto cuando la situación es favorable a nuestros intereses.

○ **Compromiso**: es la más común y frecuente de las intenciones conductuales. Supone llegar a un acuerdo o compromiso entre las partes, aunque nunca se logran satisfacer todos los intereses de ambas partes. Sería apropiado en cualquier situación de conflicto que permita alcanzar un consenso.

En general, se asume que las personas tenemos cierta predisposición por algún estilo conductual. Sin embargo, como se observa, la contingencia con la situación de conflicto es lo que realmente define cuando un estilo es apropiado o no llevar a cabo en la gestión positiva del conflicto.

ACTIVIDAD 4: ¿CÓMO GESTIONAR EL CONFLICTO?

Marca las casillas que, en tú opinión, son las mejores ´recetas´ para gestionar adecuadamente un conflicto.....

	Conseguir hallar responsabilidades porque siempre hay un causante del conflicto y otro que lo padece como víctima.
	Dar un puñetazo a la mesa para hacerse oír y hacer valer los propios derechos.
	Aumentar la presión al máximo hasta que la otra parte ceda a mis demandas.
	Hacer todo lo posible para que el otro se dé cuenta que se equivoca y que no vas a ceder.
	Aprender a expresarme más correctamente.
	Buscar las casusas del conflicto e intentar empatizar con la otra parte y, desde ahí, intentar gestionar el conflicto.
	Hacer como que el conflicto no existe porque con el tiempo desaparece.
	Tirar la toalla porque hay cosas más importantes en la vida.

ACTIVIDAD 5: INTENCIONES CONDUCTUALES

1.   Indica una conducta o situación que ponga de manifiesto cada una de las intenciones conductuales de gestión del conflicto señaladas en el modelo de Thomas.

2.   Indica cuándo es apropiada (gestión positiva) y cuándo no es apropiada cada una de las intenciones conductuales de gestión del conflicto.

3.   Propón una forma de expresión típica de cada una de las intenciones conductuales de gestión de conflicto.

_____

_____

_____

CASO PRÁCTICO 2 - *Indica la intención conductual de las partes en conflicto de la empresa MOTOR S.A. y ¿Qué tipo de intención conductual sería apropiada para la gestión positiva del conflicto?*

Andrés es el jefe de un grupo de trabajadores/as dedicados a la investigación de un nuevo motor para coches en el Departamento de Innovación de la empresa MOTOR S.A. Con el incremento del costo de la materia prima se necesita un presupuesto superior al que inicialmente se había presupuestado. En concreto necesitan 300.000 euros. Sin embargo, el Departamento Financiero de la empresa MOTOR S.A. también ha tenido que hacer algunos reajustes en los presupuestos y sólo les ha asignado 150.000 euros. Andrés, como jefe de grupo, ha solicitado una reunión con el director del Departamento Financiero para intentar alcanzar un acuerdo económico que les permita finalizar el nuevo modelo de motor. Sin embargo, hasta el momento, ambas partes tienen una postura encontrada y ninguna cede; se limitan a mostrar sus argumentos sin atender las razones que pueda presentar la otra parte. Si no llegan a un acuerdo, la empresa habrá perdido todo el tiempo que el Departamento de Innovación ha dedicado a la fabricación del nuevo motor, así como la inversión económica ya realizada. Además, el Departamento de Producción tampoco podrá continuar con su trabajo ya que todo el departamento estaba centrado en esta innovación.

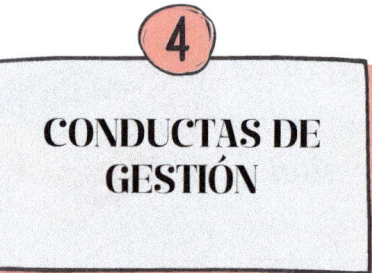

4 CONDUCTAS DE GESTIÓN

En esta etapa aparece la conducta concreta que las partes realizan para gestionar el conflicto. Sin embargo, dada la dinámica del conflicto, es posible que las intenciones conductuales previstas en la etapa anterior se manifiesten en conductas, pero no siempre hay una correspondencia exacta entre las intenciones conductuales y la conducta que finalmente se realiza. Así, una de las partes podría tener ciertas intenciones conductuales (etapa anterior), pero en función de la conducta de la otra parte puede modificar y manifestar un comportamiento diferente al previsto como intención.

En la literatura hay varios modelos teóricos que describen las conductas de gestión de conflicto (ver González-Navarro et al., 2012). En general, encontramos seis modelos de gestión del conflicto:

A) Ignorar la cuestión y acordar seguir en desacuerdo. Esta forma de gestión se corresponde con la intención de evitación. Un ejemplo en el contexto organizacional sería cuando diferentes encargados/as no se ponen de acuerdo en la manera de preparar unos informes y cada uno/a continúa haciéndolos a su manera.

B) Ceder ante el conflicto haciendo concesiones para llegar a un acuerdo. Se corresponde con la intención conductual de complacer. Un ejemplo, siguiendo el caso anterior, sería cuando uno de los/as encargados/as, valorando la sobrecarga que le supone la tarea a la persona que tiene que pasar a otro formato todos los informes y, sobre todo, porque no quiere enfrentarse cada vez a las quejas de esta persona, decide hacer los informes siguiendo el formato de los otros/as encargados/as.

C) Imponer las decisiones a la otra parte. Se corresponde con la intención conductual de competición. Esta manera de gestión solo tendrá éxito cuando la parte que la usa posee poder en la relación. Siguiendo con el ejemplo, podría ocurrir que la jefatura del departamento solucione el conflicto con el/la encargado/a imponiendo su propia manera de redactar los informes.

D) Resolución conjunta de problemas. Se corresponde con la intención de compromiso o de colaboración. La resolución conjunta requiere que las partes en conflicto se reúnan para identificar el problema y lo resuelvan mediante una discusión abierta. Exige unos intereses aceptados por las partes y la existencia de metas comunes que no se pueden lograr sin la cooperación de las partes. No hay ganadores o perdedores; únicamente se busca solucionar conjuntamente un problema que afecta a todas las partes, pero no beneficia o perjudica a unos más que otros. Este sería el caso de un equipo de trabajo con un objetivo común en que las partes se reúnen para identificar los problemas y resolverlos en una discusión abierta. Es una situación que, por definición, tiene los intereses u objetivos de una negociación, es decir, conseguir solucionar un problema. Ahora bien, ni por sus exigencias de preparación, ni por la clase de información que se maneja, ni por la transparencia de métodos y procedimientos es una negociación.

En el ejemplo, la resolución conjunta de problemas requeriría que los/as encargados/as de hacer los informes y el/la encargado/a de normalizarlos se reúnan para encontrar, entre todos, la mejor manera de solucionar el problema (por ejemplo, elaborar un patrón común para la redacción de informes en el futuro).

E)   Recurrir al arbitraje. Esta manera de gestión del conflicto implica la participación de un tercero ajeno al conflicto que ayudará a tomar las decisiones o tomará la decisión. Se habla de arbitraje cuando la tercera parte tiene el poder de tomar decisiones, es la autoridad formal. Se habla de mediación cuando la tercera parte es un facilitador/a del proceso, pero las decisiones las toman las partes en conflicto. Siguiendo el ejemplo anterior, se le podría pedir a una empresa externa que proponga el mejor formato de entrega de informes y que la jefatura lo implanten.

F)   La negociación. La negociación es la estrategia más útil para la gestión del conflicto, es una situación en la cual dos o más partes interdependientes y con equilibrio de poder reconocen divergencias en sus intereses y deciden intentar llegar a un acuerdo. A diferencia de la resolución conjunta de problemas, la negociación requiere un proceso de preparación previo, la gestión de abundante información y el conocimiento de las fases de negociación para una óptima gestión de conflictos. La negociación es una forma de gestión de conflictos que se corresponde con la intención conductual de competición, compromiso y colaboración. La diferencia está en que en la competición (negociación competitiva) las partes tratan de conseguir sus objetivos a expensas de los objetivos de las otras partes; en el compromiso (negociación mixta), las dos partes reconocen que el acuerdo es más beneficioso que la ruptura de las relaciones y están dispuestas a ceder algo a cambio de algo, es decir, están dispuestas a intercambiar entre sí los recursos. Finalmente, en la colaboración (negociación integrativa), las partes tienen la intención de resolver el conflicto aclarando las diferencias para lograr una distribución óptima de los beneficios.

CASO PRÁCTICO 2 – *Indica la intención conductual de las partes en conflicto de la empresa MOTOR S.A. y la conducta de gestión realizada.*

Andrés es el jefe de un grupo de trabajadores/as dedicados a la investigación de un nuevo motor para coches en el Departamento de Innovación de la empresa MOTOR S.A. Con el incremento del costo de la materia prima se necesita un presupuesto superior al que inicialmente se había presupuestado. En concreto necesitan 300.000 euros. Sin embargo, el Departamento Financiero de la empresa MOTOR S.A. también ha tenido que hacer algunos reajustes en los presupuestos y sólo les ha asignado 150.000 euros. Andrés, como jefe de grupo, ha solicitado una reunión con el director del Departamento Financiero representado por Pedro para intentar alcanzar un acuerdo económico que les permita finalizar el nuevo modelo de motor. Sin embargo, Andrés no tiene esperanza en alcanzar un consenso porque no se lleva bien con Pedro y éste nunca le ha ayudado.

Las dos partes están muy nerviosas porque piensan que el otro no va a ceder. Andrés le ha informado a Pedro que quiere llegar a una solución que les permita finalizar el nuevo modelo de motor. Sin embargo, hasta el momento, ambas partes tiene una postura encontrada y ninguna cede. Si no llegan a un acuerdo, la empresa habrá perdido todo el tiempo que el Departamento de Innovación ha dedicado a la fabricación del nuevo motor, así como la inversión económica ya realizada. Además, el Departamento de Producción tampoco podrá continuar. Pedro y Andrés parece que están metidos en una lucha en la que cada uno quiere conseguir sus objetivos.

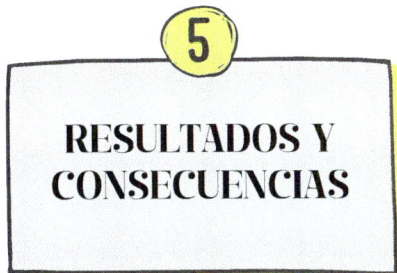

RESULTADOS Y CONSECUENCIAS

Los resultados del conflicto establecen las bases para las relaciones futuras entre las partes en conflicto. Cuando las necesidades básicas no quedan satisfechas, o una de las partes pierde en relación a la otra, se incrementa la posibilidad de conflictos futuros.

Por otro lado, si la gestión del conflicto comporta la satisfacción de los intereses y las motivaciones relevantes entre las partes, se establecen las bases para buenas relaciones futuras. En general, se suelen presentar tres tipos de resultados posibles:

A) Perder-perder. Es el resultado que se obtiene cuando ninguna de las partes en conflicto consigue sus objetivos, nadie satisface sus necesidades. De este modo, las causas del conflicto continúan, por lo que es muy probable que aparezcan conflictos futuros. Por ejemplo, dos trabajadores/as no se ponen de acuerdo sobre quién tendrá las vacaciones durante el mes de agosto. Ambos presentan razones y argumentos para convencer a la otra parte y ninguno cede a las peticiones de la otra parte. Como resultado del desacuerdo y el clima de tensión, las relaciones se quedan afectas y ninguna de las partes logra satisfacer sus necesidades y/o deseos.

B) Ganar-perder. Se produce cuando hay un beneficio para una de las partes (porque consigue sus objetivos e intereses) a expensas de la pérdida de la otra parte (porque no consigue satisfacer sus intereses). Como el resultado se define en términos de ganadores y perdedores, la probabilidad de nuevos conflictos similares en el futuro es elevada. La consecuencia es un alto deterioro de las relaciones y del deseo de venganza por parte de los que han perdido.

C) Ganar-ganar: Se produce cuando hay un beneficio para todas las partes. Todos consiguen satisfacer, al menos parcialmente, sus intereses. Sin embargo, hay varios grados de consecución de los intereses puesto que los beneficios obtenidos por cada una de las partes pueden variar desde la satisfacción de necesidades mínimas hasta su satisfacción completa.

Por último, los resultados del conflicto tienen consecuencias para las partes implicadas y para la organización. Estas consecuencias pueden ser funcionales o disfuncionales. Las consecuencias funcionales son las que permiten extraer resultados positivos para el sistema y, por lo tanto, hacen emerger los aspectos positivos del conflicto; en cambio, las consecuencias disfuncionales proceden de una gestión negativa del conflicto que, a su vez, ha generado resultados negativos para el sistema.

Entre las principales consecuencias <u>funcionales</u> de una gestión positiva del conflicto en el contexto organizacional caben destacar las siguientes:

A) El incremento de la creatividad. Una gestión positiva del conflicto puede estimular el interés y la curiosidad. Puede suponer un reto para las capacidades propias lo que, a su vez, puede propiciar la innovación. Así pues, como resultado de un conflicto las personas hacen cosas y se comportan de maneras nuevas y mejores.

B) El aumento de la motivación y el esfuerzo de las partes implicadas. A menudo, como resultado de la gestión positiva del conflicto, las personas valoran las situaciones como un desafío; esto hace que las partes se sientan más motivadas por el logro de algún objetivo común y que hagan mayores esfuerzo para conseguirlo.

C) La mejora en la comunicación entre los participantes. La gestión positiva del conflicto puede hacer que las partes implicadas o la misma organización mejoren sus sistemas de comunicación.

D) El aumento de la cohesión grupal. La gestión positiva de algunos conflictos requiere que las personas o los grupos tengan que presentar e informar argumentos de todas las partes implicadas en el conflicto. Compartir información e intereses ayuda a que las partes en conflicto tomen conciencia de la metas de orden superior que las une. Esto genera interdependencia positiva y mayor cohesión entre los miembros.

E) La reducción de la tensión. La gestión positiva del conflicto puede ayudar a las personas a eliminar tensiones que, de otro modo, podrían aumentar la ansiedad y/o el estrés .

F) El enfoque de la atención hacia los cambios necesarios. La gestión positiva del conflicto puede posibilitar la modificación de estructuras de poder, de patrones de interacción, ciertas actitudes arraigadas que son desadaptativas, la reevaluación de metas y actividades del grupo, etc.

G) Una mayor clarificación y elaboración de las posiciones para hacerlas más defendibles y convincentes.

H) El incremento de la confianza entre las partes haciendo destacar las semejanzas y los puntos comunes que las unen.

I) El fomento y reconocimiento de la legitimidad del otro. Las partes podrán descubrir que hay otros puntos de vista o maneras diferentes de abordar una misma situación.

Algunas de las <u>consecuencias disfuncionales</u> de una gestión negativa del conflicto en el contexto organizacional son las siguientes:

A) Se genera una actitud hostil que incrementa las diferencias entre las partes y disminuye la percepción de similitudes.

B) La tensión, el estrés, la frustración o la hostilidad entre las partes en conflicto genera actitudes defensivas y un alto grado de malestar.

C) Disminuye la comunicación o se vuelve más agresiva.

D) Disminuye el rendimiento y la satisfacción, se reduce la colaboración y cohesión o se producen bloqueos de las actividades.

E) Hay distorsión de los objetivos y se subordinan las metas comunes en las luchas internas entre las partes.

F) Se produce una paralización en el funcionamiento del grupo.

G) Se pone en peligro la supervivencia del grupo.

H) Se originan respuestas estereotipadas que van en contra de los objetivos grupales.

REFLEXIÓN 4: *Fases del proceso de conflicto*

¿En qué fase del proceso de conflicto se produce la decisión de actuar?

a. Fase de antecedentes y síntomas.

b. Fase de descripción cognitiva y emocional.

c. Fase de intenciones conductuales.

d. Fase de resultados y consecuencias.

Anotaciones finales 4

El conflicto en el marco de las relaciones laborales es una pieza clave en la gestión de los recursos humanos. Conocer y saber analizar en profundidad los conflictos es fundamental para mejorar la vida laboral y lograr la mejora empresarial. Los conflictos mal gestionados dificultan las relaciones y hacen perder recursos a las empresas. La gestión positiva del conflicto implica conocer el conflicto, saber analizarlo y extraer lo positivo del conflicto. Con este fin, en este tema, se ha definido el conflicto, se han introducido sus tipos y se han explicado los pasos del proceso de conflicto. Sin embargo, es relevante profundizar en la evaluación del conflicto, la gestión de las posibles dificultades en su evaluación y, sobre todo, conocer diferentes estrategias y herramientas para mejorar la gestión positiva del conflicto. Toda esta información es complementaria a lo que aquí ha sido presentado y se puede encontrar en el libro "Gestión positiva del conflicto organizacional" (González-Navarro et al., 2012).

CASO PRÁCTICO 2 - *Análisis del conflicto en la empresa MOTOR S.A.*

ndrés es el jefe de un grupo de trabajadores/as dedicados a la investigación de un nuevo motor para coches en el Departamento de Innovación de la empresa MOTOR S.A. Con el incremento del costo de la materia prima se necesita un presupuesto superior al que inicialmente se había presupuestado. En concreto necesitan 300.000 euros. Sin embargo, el Departamento Financiero de la empresa MOTOR S.A. también ha tenido que hacer algunos reajustes en los presupuestos y sólo les ha asignado 150.000 euros. Andrés, como jefe de grupo, ha solicitado una reunión con el director del Departamento Financiero representado por Pedro para intentar alcanzar un acuerdo económico que les permita finalizar el nuevo modelo de motor. Sin embargo, Andrés no tiene esperanza en alcanzar un consenso porque no se lleva bien con Pedro y éste nunca le ha ayudado. Las dos partes están muy nerviosas porque piensan que el otro no va a ceder. Andrés le ha informado a Pedro que quiere llegar a una solución que les permita finalizar el nuevo modelo de motor. Sin embargo, hasta el momento, ambas partes tiene una postura encontrada y ninguna cede. Si no llegan a un acuerdo, la empresa habrá perdido todo el tiempo que el Departamento de Innovación ha dedicado a la fabricación del nuevo motor, así como la inversión económica ya realizada. Además, el Departamento de Producción tampoco podrá continuar. Pedro y Andrés parece que están metidos en una lucha en la que cada uno quiere conseguir sus objetivos.

Tareas a realizar:

1. Señala los síntomas del conflicto.

2. Señala cuáles son las partes implicadas.

3. Analiza el conflicto cognitiva y emocionalmente.

4. Presenta las condiciones del escenario de conflicto y responde a la pregunta si son positivas o negativas

5. Explicita los objetivos que tienen las partes.

6. Nombra el tipo de intención conductual que sería apropiado para realizar una gestión positiva del conflicto y señala por qué.

PUNTOS CLAVE...

INTRODUCCIÓN

ORGANIZACIONES

Sistemas abiertos

Formados por grupos e individuos
Conflicto de intereses entre las partes es una realidad diaria

PERSPECTIVA TRADICIONAL

El conflicto es DISFUNCIONAL

PERSPECTIVA QUE ADOPTAMOS

El conflicto es INEVITABLE

ASPECTOS NEGATIVOS
ASPECTOS CONSTRUCTIVOS

CONCEPTO DE CONFLICTO

CONFLICTO:
Estado psicológico que se produce cuando las partes perciben que las propias aspiraciones y las de la otra parte no pueden ser alcanzadas simultáneamente (son fuerzas opuestas)

1. Experiencia subjetiva sin necesariamente una base objetiva
2. Actividades incompatibles
3. Percibido y sentido por las partes implicadas (cognitiva-afectiva)
2. Supone oposición entre las partes
3. Comportamientos de gestión
4. Consecuencias para las partes y la organización

TIPOS DE CONFLICTO
(Schermerhorn, 1989)

⇨ **Conflicto intrapersonal**
Una persona tiene que elegir entre dos alternativas excluyentes

⇨ **Conflicto interpersonal**
Oposición de intereses de diferentes personas en el seno de un grupo

⇨ **Conflicto intergrupal**
Necesidades contrapuestas de dos o más grupos en la organización

⇨ **Conflicto interorganizacional**
Intereses contrapuestos entre organizaciones distintas

El proceso del conflicto

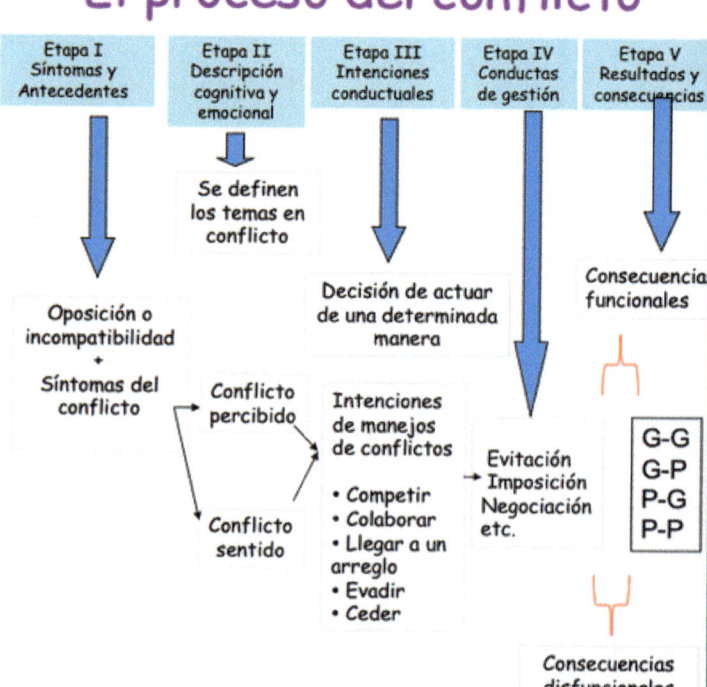

ETAPA I

CONDICIONES ANTECEDENTES

FUENTES POTENCIALES DE CONFLICTO

⇨ Condiciones estructurales de la organización

⇨ Problemas de comunicación

⇨ Variables de la persona

FOCOS DE CONFLICTO (Vliert, 1984)

⇨ Existencia de recursos escasos

⇨ Desacuerdos en procedimientos y reglas colectivas

⇨ Dependencia de actividades de trabajo

⇨ Diferencias en valores o percepciones

ETAPA II.
DESCRIPCIÓN COGNITIVA Y EMOCIONAL DEL CONFLICTO

¿Qué ?
- ¿Existe concordancia?

¿Por qué ?
- ¿Existe dependencia?

¿Quién/es?
- ¿Implicados en el conflicto?
- Conciencia de los implicados

¿Dónde ?
- ¿El entorno físico pueda estar influyendo?

¿Cómo?
- ¿Cuáles son argumentos ....?
- ¿Se escuchan los argumentos .....?
- ¿Qué tipo de emociones expresan .....?

¿Cuándo ?
- ¿Desde cuándo ......?

CONFLICTO PERCIBIDO Y SENTIDO: TIPO DE CONFLICTO / NIVEL DE TENSION / INTERDEPENDENCIA

TIPO DE CONFLICTO

Conflicto de tarea- Las partes muestran diferencias en sus puntos de vista-ideas-opiniones sobre la tarea

Conflicto de relación- Las partes muestran incompatibilidad personal en gustos-ideas-valores

Conflicto de proceso- Disputas relacionadas con la manera de proceder y distribuir tareas y responsabilidades

NIVEL DE TENSIÓN

BAJO	MODERADO	ALTO
Inactividad y evitación	Impulso a mejorar situación	Interacciones agresivas y defensivas
Descuidar información	Buscar e integrar información	Reducida capacidad percibir, procesar y evaluar información
Baja ejecución	Alto rendimiento	Resultados poco eficaces y negativos

INTERDEPENDENCIA DE METAS

Los resultados de una persona se pueden ver potencialmente afectados por las acciones de otros

---

Condiciones positivas y negativas del escenario de conflicto

CONDICIONES NEGATIVAS

Conflicto de relación
Nivel de tensión: bajo/alto
Interdependencia negativa

CONDICIONES POSITIVAS

Conflicto de tarea
Nivel de tensión: medio
Interdependencia positiva

ETAPA III

INTENCIONES DE MANEJO DE CONFLICTOS (Thomas, 1992)

Individualismo: intento de satisfacer los intereses propios
Cooperación: intento de satisfacer los intereses del otro

ETAPA IV
CONDUCTAS DE GESTIÓN DEL CONFLICTO

1. Ignorar la cuestión y acordar seguir en desacuerdo. Evitación

2. Evitar el conflicto haciendo concesiones para llegar a un acuerdo. Servilismo

3. Una parte puede dictar o imponer sus decisiones a la otra. Competición

4. La resolución conjunta de problemas. Compromiso

5. Se puede recurrir al arbitraje.

6. Negociación.

ETAPA V
RESULTADOS Y CONSECUENCIAS

Posibilidades de acuerdo

- Gano yo-gana él
- Gano yo-pierde él
- Pierdo yo-gana él
- Pierdo yo-pierde él

CONSECUENCIAS FUNCIONALES

✓Creatividad e innovación
✓Motivación y esfuerzo
✓Cohesión
✓Reducción tensión
✓Cambios
✓Clarificación de posiciones

CONSECUENCIAS DISFUNCIONALES

✓Tensión, estrés, frustración
✓Menor rendimiento y satisfacción
✓Distorsión objetivos
✓Paralización

RECOMENDACIONES PARA LA GESTIÓN POSITIVA DEL CONFLICTO

1. **PARA LOGRAR** mantener un nivel de tensión moderado que permita la gestión positiva del conflicto.

2. **HEMOS DE REALIZAR** acciones que incrementen o disminuyan el nivel de tensión.

3. **ESTO ES RECOMENDABLE PORQUE** estratégicamente hay que lograr que la intensidad del conflicto se mantenga a nivel moderado para llevar a cabo una gestión positiva del conflicto. Un nivel o cantidad de conflicto excesivamente elevado provoca la presencia de resultados negativos para la organización debido a una reducción en la capacidad de procesamiento de la información. Al mismo tiempo, un nivel excesivamente bajo suele generar una actitud de estancamiento que hace que los resultados alcanzados no sean tampoco satisfactorios. Ambos extremos obstaculizan el desempeño de las personas y, por tanto, del rendimiento organizacional. Un nivel óptimo es aquel en el que se da suficiente conflicto para impedir el estancamiento, estimular la creatividad, permitir la liberación de tensiones y promover el cambio.

1. **PARA LOGRAR** que exista interdependencia positiva entre las partes en conflicto.

2. **HEMOS DE REALIZAR** acciones que pongan en evidencia la metas comunes, es decir, el interés común de las partes en conflicto.

3. **ESTO ES RECOMENDABLE PORQUE** estratégicamente los resultados de las partes se ven afectados por las acciones que realizan las partes en conflicto. Cuando el conflicto no deja ver los objetivos comunes y cada parte realiza aquellas acciones que, aun siendo beneficiosas, pueden perjudicar los objetivos comunes, se pierde la interdependencia positiva que garantiza el consenso.

1. **PARA LOGRAR** una gestión positiva del conflicto.

2. **HEMOS DE REALIZAR** acciones que orienten a las partes hacia el conflicto de tarea y evitar el conflicto de relación.

3. **ESTO ES RECOMENDABLE PORQUE** el conflicto cuando esta relacionado con la tarea genera una mayor y más diversa cantidad de puntos de vista que mejora la toma de decisiones, aumenta el compromiso por la tarea y la satisfacción de las partes implicadas. En cambio, el conflicto de relación conduce a una escala del conflicto ya que las partes buscan defender sus posiciones desde la emoción y no desde la razón. Las partes quedan ancladas en cuestiones ajenas a la tarea por lo que disminuye el rendimiento laboral.

PARA LLEVAR CONTIGO Y UTILIZAR

¿Tengo las condiciones apropiadas para gestionar un conflicto organizacional?

Las condiciones negativas y positivas en la gestión del conflicto podemos resumirlas como sigue:

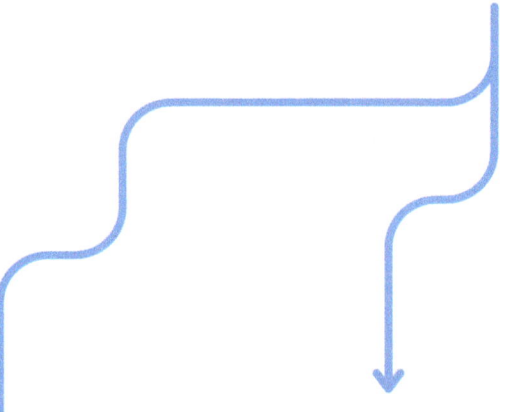

CONDICIONES NEGATIVAS para la gestión del conflicto

Conflicto de relación
Nivel de tensión: bajo/alto
Interdependencia negativa

CONDICIONES POSITIVAS para la gestión del conflicto

Conflicto de tarea
Nivel de tensión: medio
Interdependencia positiva

COFRE DE HERRAMIENTAS

1. LA RULETA DE LOS SÍNTOMAS

En esta herramienta se van a identificar los síntomas que muestran que existe un conflicto. Para ello, cada persona implicada debe cumplimentar su ruleta de síntomas.
La pregunta que deben contestar es la siguiente:

¿Cómo te has dado cuenta que existe un conflicto con ....?

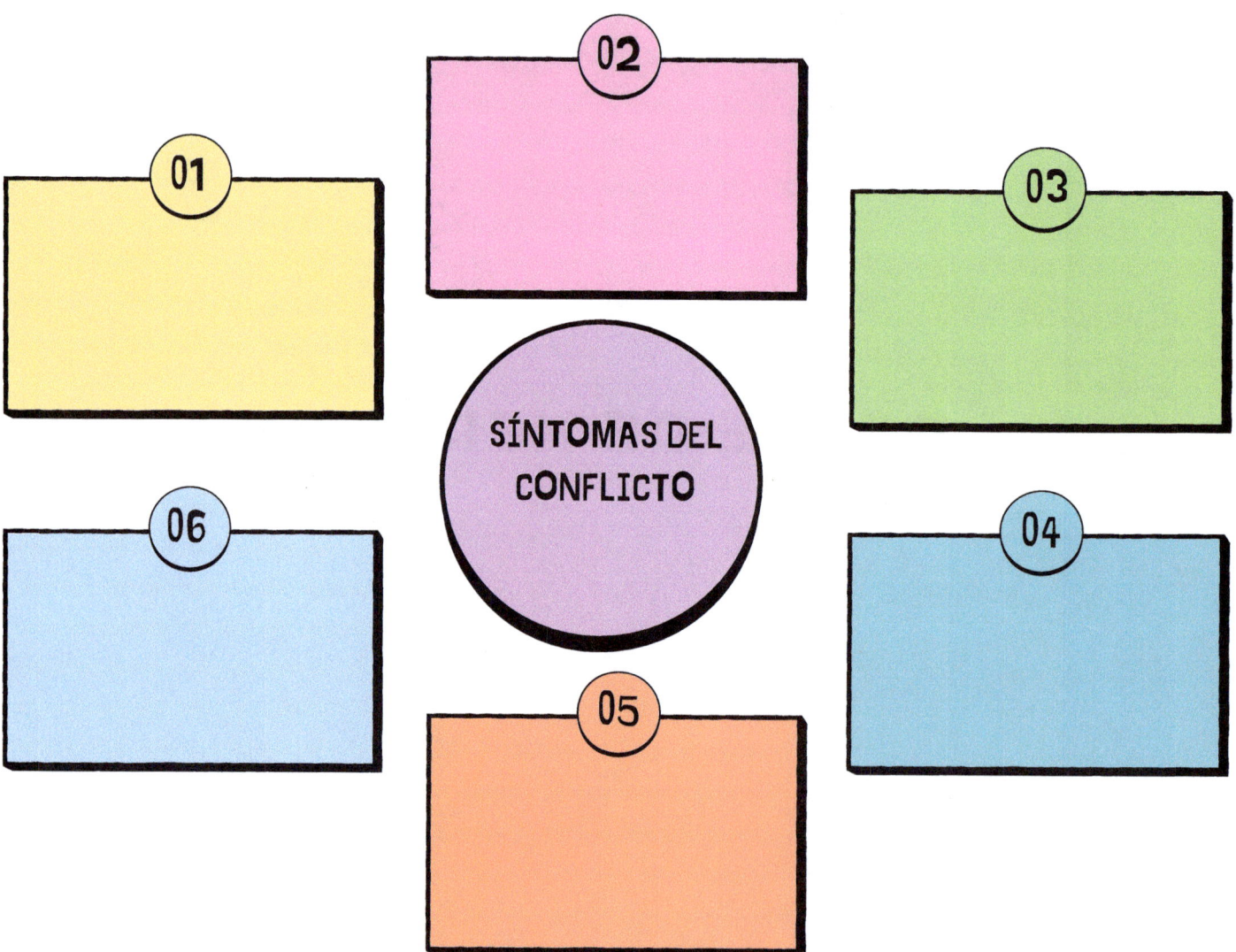

1. LA RULETA DE LOS SÍNTOMAS

¿Los síntomas que se han identificado se confunden con la causa del conflicto?

| NO | Ya puedes avanzar a la siguiente etapa: **DESCRIPCION COGNITIVA Y EMOCIONAL DEL CONFLICTO.** |

| SÍ | No se puede pasar de fase. **Continúa** con el análisis de los síntomas. |

DIFICULTADES EN LA IDENTIFICACIÓN DE LOS SÍNTOMAS
(González-Navarro et al., 2012)

	SÍ	NO
• Se confunde con la causa/foco de conflicto		
• Aumenta el número de síntomas conforme pasa el tiempo		
• Se generan nuevos conflictos con las personas implicadas		
• Otras dificultades:		

¿QUÉ PUEDO HACER ANTE CADA DIFICULTAD? (González-Navarro et al., 2012)

Dificultad de separar causa/foco del conflicto	UTILIZAR UNA TÉCNICA DE ANÁLISIS DE LA REALIDAD
Aumentan los síntomas	FEEDBACK
Generan nuevos conflictos	ANALISIS DE LOS PATRONES DE COMUNICACIÓN
Otras dificultades	HAZ UNA PROPUESTA

2. QUÉ PIENSAS-QUÉ SIENTES

En esta herramienta se van a identificar los pensamientos y las emociones de las partes implicadas en el conflicto. Para ello, cada persona implicada debe dar respuesta a todos los interrogantes posibles.

¿Qué piensas y cómo te sientes?

1

¿Quién?

¿Por qué?

¿Cuándo?

¿Dónde?

¿Cómo?

...

2

Haz un diario de emociones experimentadas.

Para ello, haz un registro sistemático con el mayor detalle posible:

- Nombre de la emoción
- Sensaciones corporales percibidas
- Consecuencias de la emoción
- Pensamientos que surgen de la emoción
- Conductas que realizaste- lo que dijiste y/o hiciste
- Reflexión sobre tu respuesta emocional

(ver Vivas, Gallego y González, 2007)

2. QUÉ PIENSAS-QUÉ SIENTES

**La descripción que las partes han hecho del conflicto,
¿permiten su gestión positiva?**

| **NO** | Ya puedes avanzar a las **CONDICIONES DEL ESCENARIO DE CONFLICTO.** |

| **SÍ** | No se puede pasar de fase. **Continúa** con el análisis de la descripción del conflicto. |

DIFICULTADES	SÍ	NO
Barreras en la comunicación		
Barreras generadas por las diferencias individuales en la percepción del conflicto		
Barreras emocionales		

OTRAS DIFICULTADES

-

-

¿QUÉ PUEDO HACER ANTE CADA DIFICULTAD? (González-Navarro et al., 2012)

Barreras en la comunicación	LENGUAJE ASERTIVO; ANÁLISIS DE INTERACCIONES; ESCUCHA ACTIVA
Barreras generadas por las diferencias individuales de la percepción del conflicto	TÉCNICAS PARA LA DEFINICIÓN Y FORMULACIÓN DEL PROBLEMA QUE GENERA EL CONFLICTO; SEPARAR EL PROBLEMA DE LAS PERSONAS
Barreras emocionales	EDUCACIÓN EMOCIONAL

3. ¿CONOCES EN QUÉ CONDICIONES SE DESARROLLA EL CONFLICTO?

En esta herramienta se van a analizar las condiciones básicas que se necesitan para poder gestionar positivamente un conflicto. Para ello, se debe completar el siguiente cuadro.

```
┌─────────────────────────────────────────────┐
│       CONDICIONES DEL CONFLICTO              │
└─────────────────────────────────────────────┘
```

```
┌─────────────────────────┐   ┌─────────────────────────┐
│ TIPO DE CONFLICTO       │   │ NIVEL DE TENSIÓN        │
│   • Conflicto de tarea  │   │   • Bajo                │
│   • Conflicto de proceso│   │   • Medio               │
│   • Conflicto de relación│  │   • Alto                │
└─────────────────────────┘   └─────────────────────────┘
```

```
┌──────────────────────────────────┐
│ INTERDEPENDENCIA DE METAS        │
│   • Interdependencia positiva    │
│   • Interdependencia negativa    │
└──────────────────────────────────┘
```

Las condiciones del conflicto ¿permiten su gestión positiva?

NO	Ya puedes avanzar a la siguiente etapa: **LAS INTENCIONES CONDUCTUALES Y CONDUCTAS DE GESTIÓN DEL CONFLICTO.**
SÍ	No se puede pasar de fase. **Continúa** con el análisis de las condiciones en las que se desarrolla el conflicto.

3. ¿CONOCES EN QUÉ CONDICIONES SE DESARROLLA EL CONFLICTO?

DIFICULTADES (González-Navarro et al., 2012) **SÍ** **NO**

Existen dificultades con relación al tipo de conflicto

Existen dificultades con relación al nivel de tensión

Existen dificultades con relación a la interdependencia entre las partes

OTRAS DIFICULTADES

-

-

¿QUÉ PUEDO HACER ANTE CADA DIFICULTAD? (González-Navarro et al., 2012)

Dificultades con el tipo de conflicto	IDENTIFICAR Y DESVINCULAR LOS TIPOS DE CONFLICTO
Dificultades con el nivel de tensión	USAR TÉCNICAS QUE PERMITAN ESTIMULAR O FRENAR LA INTENSIDAD DE LA EMOCIÓN
Dificultades con la interdependencia	IDENTIFICAR METAS DE ORDEN SUPERIOR; POTENCIAL EL TRABAJO EN EQUIPO

4. SELECCIONO Y DECIDO

En esta herramienta se van a analizar las intenciones y las conductas que se necesitan para poder gestionar positivamente un conflicto. Para ello, se debe completar el siguiente cuadro.

Señala tus objetivos para la resolución del conflicto en función de las condiciones del conflicto:

1.
2.
3.
4.

OBJETIVOS PERSONALES/ ORGANIZACIONALES

En función de tus objetivos, selecciona la intención:

INTENCIÓN

- Colaboración
- Competición
- Compromiso
- Servilismo
- Evitación

Reflexiona sobre cómo vas a comportarte y escribe algunas conductas que vas a realizar:

1.
2.
3.
4.

CONDUCTA

La intención conductual y las conductas ¿son las adecuadas para las condiciones en las que se desarrolla el conflicto?

SÍ Ya puedes avanzar a la siguiente etapa: **LOS RESULTADOS Y CONSECUENCIAS DEL CONFLICTO.**

NO No se puede pasar de fase. **Continúa** con el análisis de las intenciones conductuales y conductas del conflicto.

4. SELECCIONO Y DECIDO

DIFICULTADES RELATIVAS A LAS INTENCIONES CONDUCTUALES DEL CONFLICTO	SÍ	NO
Barreras en la formulación de los objetivos		
Los objetivos relacionan varios conflictos que se han producido anteriormente		
No hay concordancia entre objetivos e intenciones		
Error en la intención conductual seleccionada y elegida		

DIFICULTADES RELATIVAS A LAS CONDUCTAS DE CONFLICTO

Falta de concordancia entre intenciones conductuales y conductas	
Errores en el análisis de costos y beneficios	
Errores en la planificación de las conductas	
Necesidad de mejorar las habilidades sociales	

OTRAS DIFICULTADES

-

-

4. SELECCIONO Y DECIDO

¿QUÉ PUEDO HACER ANTE CADA DIFICULTAD?

Barreras en la formulación de los objetivos	APRENDER A FORMULAR OBJETIVOS (ver, por ejemplo, http://biblioteca.udgvirtual.udg.mx/jspui/bitstream/123456789/2804/1/Gu%C3%ADa%20para%20redactar%20objetivos.pdf)
Los objetivos relacionan varios conflictos que se han producido anteriormente	VOLVER A REALIZAR LAS ACTIVIDADES DE LA HERRAMIENTA 2
No hay concordancia entre objetivos e intenciones	REDEFINICIÓN DE LOS OBJETIVOS; CREACIÓN DE UNA CHECK-LIST DE INTENCIONES
Error en la intención seleccionada y elegida	REVISAR LOS 'PUNTOS CLAVE' DE ESTE MANUAL

¿QUÉ PUEDO HACER ANTE CADA DIFICULTAD? (González-Navarro et al., 2012)

Falta de concordancia entre intenciones y conductas	REDEFINICIÓN DE LA INTENCIÓN; ANÁLISIS DE SESGOS Y DESEABILIDAD SOCIAL; PLANIFICAR LAS ACCIONES
Errores en el análisis de costos y beneficios	TÉCNICAS DE TRABAJO EN GRUPO
Errores en la planificación de las conductas	TÉCNICAS DE PLANIFICACIÓN DE ACCIONES
Falta de habilidades sociales en la gestión del conflicto	ENTRENAMIENTO EN HABILIDADES SOCIALES

5. ME ENFRENTO A LOS RESULTADOS Y LAS CONSECUENCIAS

En esta herramienta se van a analizar los resultados y las consecuencias de las conductas realizadas en la gestión del conflicto. Para ello, se debe completar el siguiente cuadro.

01	**Por ejemplo, continuaremos siendo los proveedores de naranjas a la cadena de hipermercados X**
02	
03	
04	
05	
06	
07	
08	
09	

¿Las consecuencias del conflicto son funcionales?

SÍ	**En caso afirmativo** se ha gestionado con éxito el conflicto.
NO	No se puede finalizar esta herramienta. **Continúa** con el análisis de los resultados y consecuencias del conflicto.

5. ME ENFRENTO A LOS RESULTADOS Y LAS CONSECUENCIAS

DIFICULTADES EN LOS RESULTADOS Y CONSECUENCIAS DEL CONFLICTO
(González–Navarro et al., 2012)

	SÍ	NO
Aparición de resultados negativos y/o consecuencias disfuncionales	○	○
Resultados diferentes a corto y a largo plazo	○	○
Generación de nuevos conflictos	○	○
EL conflicto persiste	○	○

OTRAS DIFICULTADES

-

-

¿QUÉ PUEDO HACER ANTE CADA DIFICULTAD? (González–Navarro et al., 2012)

Resultados negativos/consecuencias disfuncionales	ANALISIS MINUCIOSO
Resultados diferentes a corto y largo plazo.	ANALISIS MINUCIOSO
Generación de nuevos conflictos	USO DE DIFERENTES SISTEMAS DE EVALUACIÓN; USO DE LA TÉNICA DE LOS DIÁLOGOS APRECIATIVOS;
El conflicto persiste	USO DE TÉCNICAS DE CONSENSO GRUPAL; VOLVER A ANALIZAR EL CONFLICTO; USO DE LA TÉCNICA DEL ESPACIO ABIERTO; DESARROLLAR HABILIDADES SOCIALES

Para terminar y tomando como referente las acciones a realizar para gestionar las dificultades en la gestión positiva del conflicto, te resumimos las principales TÉCNICAS.

Separar el síntoma de la fuente

Feed-back

Análisis de interacciones

Asertividad

Escucha activa

Técnicas para analizar grupalmente las causas del conflicto

Inteligencia emocional

Análisis de percepciones

Separar a las personas de los problemas (por ejemplo. diagrama causa efecto y diagrama de Pareto.

Generar clima de confianza

Estimulación vs. frenar el conflicto

Metas de orden superior

Trabajo en equipo

Formación para la formulación de objetivos

Formación en organización de tareas

Desajustes entre todos los elementos anteriores del conflicto

PONGÁMOSLO EN PRÁCTICA

EL CONFLICTO EN LAS ORGANIZACIONES: COMPETENCIAS PARA SU ANÁLISIS Y GESTIÓN

PRÁCTICA 1

 **OBJETIVO**

Esta primera práctica se pretende: a) reflexionar sobre los conflictos que suceden cotidianamente en las empresas y sobre las características que los definen; b) experimentar una situación de conflicto intergrupal; c) desarrollar la capacidad de observación y reflexión; y d) analizar el proceso de conflicto y las conductas de gestión.

 **PASOS**

1. En todas las empresas existen conflictos. Piensa un conflicto frecuente en tu contexto organizacional. Posteriormente, se exponen al grupo.

2. En el contexto educativo algunos de los conflictos laborales más frecuente son la impuntualidad, el uso excesivo de móviles y/o redes sociales, etc. Sin embargo, es fácil encontrar personas que son más o menos flexibles con estas cuestiones, por lo que, a veces, es difícil llegar a un consenso. Vamos a realizar una reunión de trabajo con personas con opiniones contrarias respecto a alguna de estas temáticas. Con este fin, se reparte el papel de defensores de la temática elegida (ej. impuntualidad) a la mitad de los grupos y el de defensores de la impuntualidad a la otra mitad para que en ambos grupos se generen argumentos que defiendan sus posturas. Después se selecciona a una persona representante de cada grupo que va realizar un role-playing.

3. Se realiza el role-playing: el grupo debe llevar a cabo una reunión de trabajo intentando solucionar el problema o conflicto sobre la impuntualidad en la asistencia a clase. Esta role-playing se debe grabar. Deben de realizar la tarea durante 10 minutos y, preferiblemente, deben llegar a un acuerdo.

4. Se cumplimenta el informe de la práctica de forma grupal.

5. Se sube individualmente la preparación y el análisis grupal del role-playing en la tarea preparada a tal efecto en el Moodle.

A. PREPARACIÓN DE LA REUNIÓN

1. ¿Qué pretendíais conseguir en la reunión?

2. Argumentos que apoyaban vuestra posición:

3. Argumentos que podían dificultar vuestra posición:

B. ANALIZAR LO QUE HA PASADO EN LA REUNIÓN

	1 Nada	2 Poco	3 Bastante	4 Mucho
GESTIÓN POSITIVA DEL CONFLICTO				
Las ideas propuestas están basadas en argumentos lógicos				
Se busca compartir información y argumentaciones entre los implicados				
Se integran alternativas y opiniones				
Se ponen en duda los acuerdos iniciales tomados apresuradamente				
Se ofrecen soluciones que satisfagan a las partes implicadas				
GESTIÓN NEGATIVA DEL CONFLICTO				
Se presentan ideas sin argumentos				
Se sugieren estrategias de resolución basadas en el voto				
Se fomenta la aceptación de acuerdos iniciales				
Se dan posturas de 'yo gano, tú pierdes'				
Se cambia de opinión o no se opina para evitar el conflicto				
Se hacen preguntas irrelevantes				

¿Qué soluciones daríais para intentar salvar los obstáculos que ha habido en la reunión?

ANÁLISIS DE LAS COMPETENCIAS PARA LA GESTIÓN EFICAZ DEL CONFLICTO

PRÁCTICA 2

 **OBJETIVO**

Con esta práctica se pretende: a) reflexionar y definir las competencias para la gestión eficaz de conflictos; b) elaborar un perfil individual y grupal de competencias; c) analizar y proponer acciones de mejora para cada competencia.

 **PASOS**

1. Introducción al concepto de competencia.

2. Cumplimentar cuestionario de evaluación de competencias para la gestión del conflicto.

3. Analizar el perfil de competencias.

4. Determinar el perfil de competencias adecuado para una gestión eficaz del conflicto.

- Perseverancia
- Tolerancia al estrés
- Cualificación formal de estudios
- Aprender a aprender
- Gestión del tiempo y tareas
- Iniciativa
- Voluntad y disposición a trabajar
- Autonomía
- Cuidado personal
- Habilidades sociales
- Habilidades profesionales
- Experiencia laboral
- Flexibilidad
- Trabajo en equipo
- Manejo de las tecnologías de la información.

Indicar el nivel óptimo de cada competencia para una gestión eficaz del conflicto. Usa una escala de 1 a 100 (por ejemplo, 10%; 50%, etc.).

5. Comparar el perfil de competencias individual con el adecuado para una gestión eficaz del conflicto.

6. Plantear acciones de mejora para cada una de las competencias (es una reflexión sobre cada competencia y una actividad para su mejora).

ANÁLISIS DEL CONFLICTO ORGANIZACIONAL

 **OBJETIVO**

Cualquier acción realizada por profesionales de recursos humanos requiere el diagnóstico de la situación. Esta práctica se centra en esta primera fase de toda intervención psicosocial. El objetivo es practicar en el análisis y diagnóstico de un conflicto organizacional.

 **PASOS**

1. Individualmente realizar la lectura del caso práctico: 'El conflicto organizacional de LENOR'.

2. Cumplimentar el documento: 'Análisis de los conflictos organizacionales'

- #### EL CONFLICTO ORGANIZACIONAL DE LENOR

LENOR es una empresa de consultoría europea con base en Valencia que se especializa en la planificación, asesoramiento, coordinación y supervisión de inversiones, así como en garantizar la emisión de bonos. En sus orígenes fue un proyecto modesto liderado por su fundadora, la Sra. Montoya, quien ocupaba el cargo de presidenta. En la actualidad, cuenta con una plantilla de 250 empleados distribuidos en ocho departamentos. En los últimos años, ha experimentado un notable crecimiento, consolidándose como una de las principales empresas en su sector con mayores ingresos en España. Sin embargo, en la actualidad, enfrenta desafíos significativos.

Contrario a las prácticas anteriores de promoción, uno de los gerentes de departamento no fue promovido. En lugar de ello, se reclutó a Beatriz Serrano una persona externa a la empresa para ocupar el cargo de directora general. La presidenta, la Sra. Montoya, tenía la intención de que con la nueva directora se modificara la estrategia empresarial que hasta ese momento estaba generando impactos adversos y conduciendo a la empresa hacia una situación de insolvencia.

La Sra. Beatriz Serrano es una profesional de mediana edad con un enfoque serio, centrada en la perfección y la calidad total. Además, es una persona exigente y está reconocida en el sector por su estilo de liderazgo fundamentado en el cambio, la colaboración y la innovación. Su gestión se distingue por fomentar la participación de todos los involucrados y por buscar el bienestar y la satisfacción de los empleados.

Como directora de LENOR, se ha propuesto implementar una estrategia empresarial completamente nueva. Sin embargo, la mayoría de los directores de los distintos departamentos de la empresa expresan su desacuerdo con esta nueva dirección y se oponen de manera contundente. Se ha formado una coalición entre los directores y se critica las ideas de Beatriz incluso antes de que sean presentadas formalmente. Mantienen una posición sólida e inflexible respecto a sus perspectivas, rechazan los planes y actividades propuestos por Beatriz, entre otras manifestaciones de resistencia.

En la actualidad, han surgido subgrupos con un aumento de conflictos, también se observa una tendencia creciente a distorsionar las contribuciones de los demás, entre otras dinámicas negativas. Han incrementado los signos de nerviosismo y agitación debido a la nueva estrategia implementada y a la mera presencia de Beatriz Serrano. Dada esta situación, existe una considerable probabilidad de que, en un futuro cercano, esta consultora financiera experimente una crisis que ponga en peligro su supervivencia.

Debido a las discrepancias existentes y al ambiente negativo que se ha generado, Beatriz, la nueva directora, también experimenta una sensación de frustración. Reconoce que carece del respaldo de los directores de los departamentos, esencial para implementar la estrategia que ha concebido. Esta estrategia no solo evitaría que la empresa sucumba ante la crisis, sino que también podría propiciar un crecimiento moderado. Beatriz no comprende la resistencia de los directores, ya que la continuidad con la estrategia actual podría llevar a la quiebra. En cambio, su propuesta busca aumentar los beneficios, lo que beneficiaría a todos y preservaría sus puestos de trabajo.

Beatriz comprende que la situación implica un cambio y que hay ciertas aprehensiones debido a la desviación de la política de ascensos de la empresa. También es consciente que la mayoría de los directores generales han colaborado desde la fundación de la empresa, hace 15 años y tenían relaciones excelentes con su predecesor, no solo formaban parte del comité ejecutivo de la organización, sino que también eran amigos personales. Sin embargo, Beatriz cree que su contratación, a pesar de no cumplir con la política de promoción, se justifica por la crítica situación de la empresa y la necesidad de un cambio que solo alguien con sus ideas y experiencia podría llevar a cabo. Además, aunque se da cuenta de que puede resultar difícil aceptar que una persona ajena a la organización esté emitiendo directrices sobre los procedimientos a seguir, confía en que, a medida que la conozcan mejor, estas percepciones cambiarán.

Por su parte, los directores de los departamentos sostienen que en momentos de crisis es crucial confiar en aquellos que han dedicado todo su tiempo y esfuerzo para llevar adelante la empresa. Les resulta incomprensible que, siendo ellos los pilares fundamentales de la empresa y habiendo invertido tanto en su desarrollo, se les haya valorado tan poco en esta coyuntura. No les parece bien optar por contratar a una persona ajena a la organización en lugar de promover a alguno de ellos, quienes conocen a fondo la empresa y la cuidan como si fuera propia.

Además, argumentan que la estrategia adoptada por la empresa en los últimos años para incrementar sus ganancias ha generado beneficios notables, posicionándolos como una de las principales empresas del sector con mayores ingresos en España. Es más, la situación de crisis actual no se debe a la debilidad de las medidas implementadas, sino a la falta de tiempo para que estas estrategias den sus frutos.

Adicionalmente, la implementación de la nueva estrategia propuesta por la Sra. Beatriz Serrano los ha dejado desbordados. No logran comprender las medidas que ella sugiere, y esta situación les resulta abrumadora. Las acciones que propone la nueva directora van en contra de las prácticas establecidas hasta ese momento, rompiendo con sus tradiciones, cultura y formas habituales de trabajo. Esta situación no solo les causa frustración, sino que también despierta sentimientos de ira y hostilidad hacia ella. Esta aprehensión se intensifica por el temor añadido de que la Sra. Beatriz Serrano pueda sugerir jubilaciones anticipadas para algunos de ellos, lo que genera un nivel adicional de ansiedad y tensión entre los directores de los departamentos.

La Sra. Beatriz, por su parte, está interesada en alcanzar sus objetivos, pero sin comprometer las relaciones con los directores generales. De hecho, está dispuesta a incorporar algunas de las sugerencias de los directores dentro de su plan estratégico para lograr un equilibrio. Quiere encontrar un punto medio que satisfaga a ambas partes. Sin embargo, los directores departamentales solo piensan en sus propios intereses sin considerar las posibles repercusiones en la Sra. Beatriz Serrano. Se oponen firmemente a la implementación del nuevo plan estratégico, ya que consideran que la estrategia diseñada por ellos, y seguida durante años, es la más adecuada para superar la crisis con éxito. No están dispuestos a colaborar ni llegar a ningún acuerdo con la nueva directora general; su principal objetivo es revertir la situación y volver a las condiciones anteriores.

INFORME A CUMPLIMENTAR: ANÁLISIS DE LOS CONFLICTOS ORGANIZACIONALES

PASO 1 - DESCRIBE LOS ANTECEDENTES Y SÍNTOMAS DEL CONFLICTO

 ¿Quiénes son las partes implicadas?

PARTE A:

PARTE B:

 ¿Suelen haber conflictos entre las partes?

¿Existen antiguos conflictos no resueltos entre las partes?

 Identifica qué dicen o cómo actúan las partes que nos sugiere que existe un conflicto.
-SÍNTOMAS DEL CONFLICTO-

SÍNTOMAS

¿LOS SÍNTOMAS QUE SE HAN IDENTIFICADO SE CONFUNDEN CON LAS CAUSAS DEL CONFLICTO?

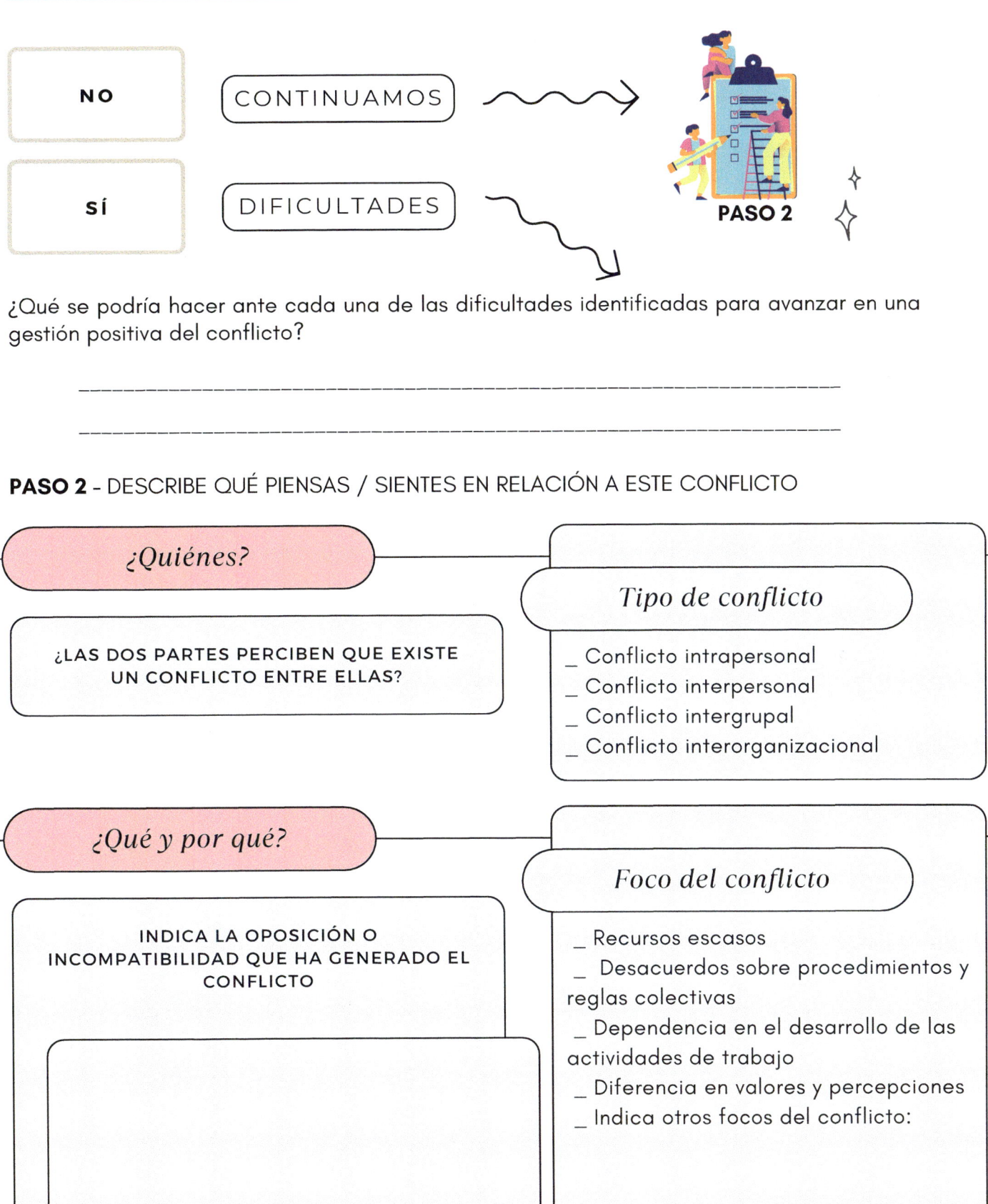

| NO | CONTINUAMOS |
| SÍ | DIFICULTADES |

PASO 2

¿Qué se podría hacer ante cada una de las dificultades identificadas para avanzar en una gestión positiva del conflicto?

_____

_____

PASO 2 - DESCRIBE QUÉ PIENSAS / SIENTES EN RELACIÓN A ESTE CONFLICTO

¿Quiénes?

¿LAS DOS PARTES PERCIBEN QUE EXISTE UN CONFLICTO ENTRE ELLAS?

Tipo de conflicto

_ Conflicto intrapersonal
_ Conflicto interpersonal
_ Conflicto intergrupal
_ Conflicto interorganizacional

¿Qué y por qué?

INDICA LA OPOSICIÓN O INCOMPATIBILIDAD QUE HA GENERADO EL CONFLICTO

Foco del conflicto

_ Recursos escasos
_ Desacuerdos sobre procedimientos y reglas colectivas
_ Dependencia en el desarrollo de las actividades de trabajo
_ Diferencia en valores y percepciones
_ Indica otros focos del conflicto:

¿Cuándo?

INDICA LA FECHA APROXIMADA DE INICIO DEL CONFLICTO

¿Las partes tienen contacto frecuente? ¿Por qué?

¿Dónde?

INDICA EL LUGAR EN DONDE SURGE EL CONFLICTO Y EN DONDE SE DESARROLLA

¿Cómo perciben el conflicto y qué sienten?

DESCRIBE EL CONFLICTO

¿Qué sientes (emociones sentidas)?

_ Ira
_ Alegría
_ Tristeza
_ Otras:

¿LAS PARTES HAN HECHO UN ANÁLISIS EN PROFUNDIDAD SOBRE LO QUE PIENSAN Y SIENTEN EN RELACIÓN AL CONFLICTO?

SÍ — CONTINUAMOS ～～～→

NO — DIFICULTADES ～～～

PASO 3

¿Qué se podría hacer ante cada una de las dificultades identificadas para avanzar en una gestión positiva del conflicto?

_____

_____

PASO 3 - EXPLORA LAS CONDICIONES EN LAS QUE SE DESARROLLA EL CONFLICTO

Tipo de conflicto	_ Conflicto de tarea _ Conflicto de proceso _ Conflicto de relación	Razona tu respuesta
Nivel de tensión	_ Nivel de tensión alto _ Nivel de tensión medio _ Nivel de tensión alto	Razona tu respuesta
Interdependencia de metas	_ Interdependencia positiva _ Interdependencia negativa	Razona tu respuesta

¿LAS CONDICIONES EN LAS QUE SE DESARROLLA EL CONFLICTO PERMITEN SU GESTIÓN POSITIVA?

SÍ CONTINUAMOS 〰️➜

NO DIFICULTADES

PASO 4

¿Qué se podría hacer ante cada una de las dificultades identificadas para avanzar en una gestión positiva del conflicto?

_____

_____

PASO 4 - SELECCIONA Y DECIDE QUE HACER

4.1. Indica tu intención conductual con un aspa (X) en el círculo correspondiente. Para ello, debes formular tus objetivos.

4.2. Posteriormente, indica las conductas a realizar.

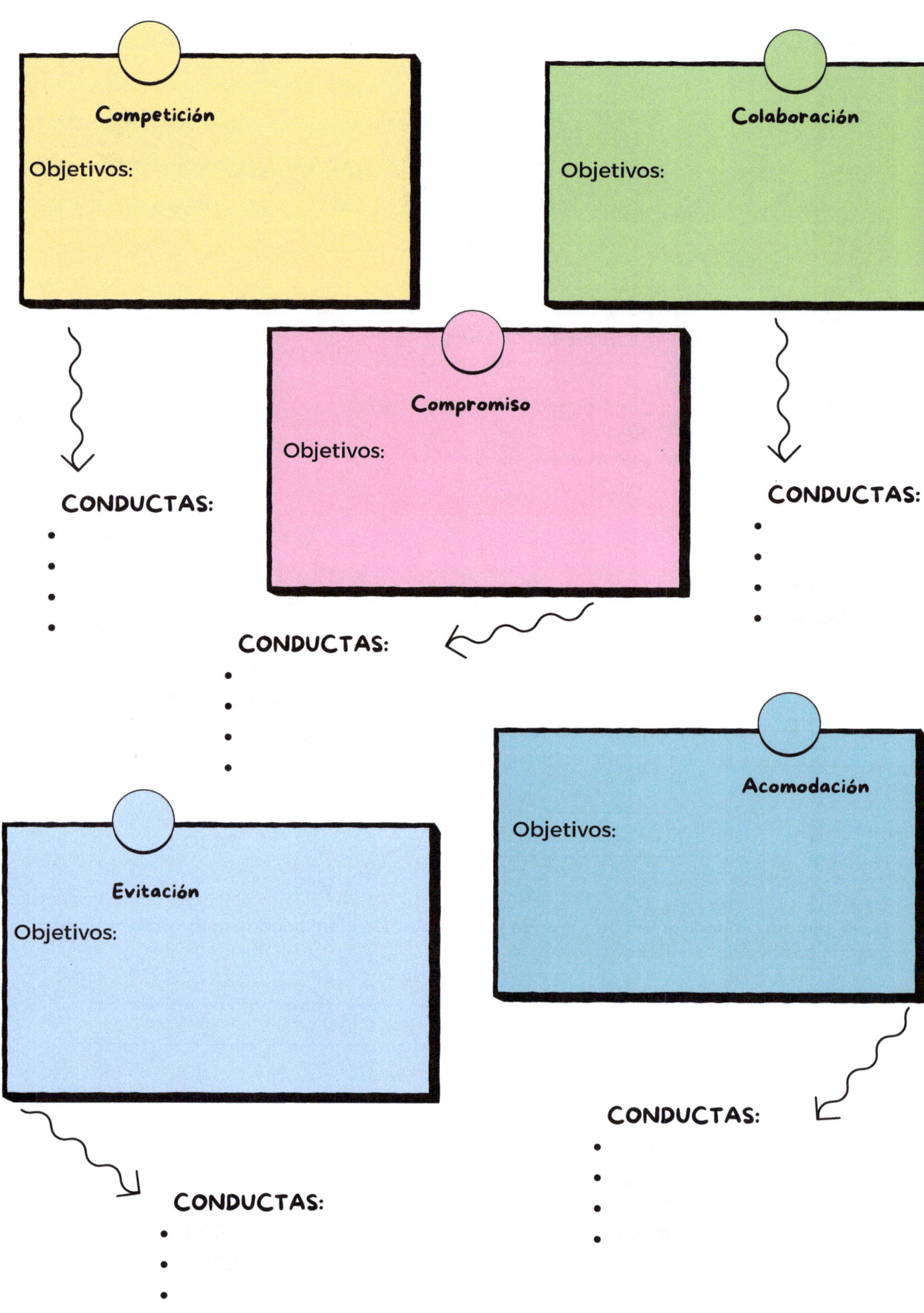

Competición

Objetivos:

Colaboración

Objetivos:

Compromiso

Objetivos:

CONDUCTAS:
- ·
- ·
- ·
- ·

CONDUCTAS:
- ·
- ·
- ·
- ·

CONDUCTAS:
- ·
- ·
- ·
- ·

Evitación

Objetivos:

Acomodación

Objetivos:

CONDUCTAS:
- ·
- ·
- ·
- ·

CONDUCTAS:
- ·
- ·
- ·

¿LAS CONDICIONES EN LAS QUE SE DESARROLLA EL CONFLICTO PERMITEN SU GESTIÓN POSITIVA?

| SÍ | CONTINUAMOS |
| NO | DIFICULTADES |

PASO 5

¿Qué se podría hacer ante cada una de las dificultades identificadas para avanzar en una gestión positiva del conflicto?

_____

_____

Comentarios de cada una de las etapas

Paso 1.

Paso 2.

Paso 3.

Paso 4.

EVALÚATE

1.   A veces, durante la gestión de un conflicto, alguna de las partes presenta sus ideas, pero no las argumenta ¿Cómo podríamos explicar este comportamiento?

a. Porque tiene premura de tiempo y quiere llegar al acuerdo.
b. Porque quiere gestionar el conflicto de forma unilateral.
c. Porque esta realizando una gestión negativa del conflicto.
d. Porque se han reunido en otras ocasiones y no desean gastar tiempo en justificaciones.

2.   En relación a las competencias que forman parte del perfil de competencias en la gestión del conflicto, debemos saber que....

a. Deben estar siempre en un nivel máximo para lograr la eficacia que buscamos.
b. Hay competencias cuya presencia podría influir negativamente en una gestión eficaz del conflicto.
c. Habrá que adaptarlas convenientemente a lo que se considera una gestión positiva del conflicto.
d. Siempre son necesarias en su nivel más alto de expresión.

3.   En la gestión positiva del conflicto es importante mostrar una serie de conductas, identifica cuáles de los siguientes comportamientos son una gestión negativa del conflicto:

a. Se anima a las partes a compartir información y argumentaciones.
b. Se integran alternativas y opiniones.
c. Resoluciones basadas en el voto.
d. Se pone en duda acuerdos iniciales tomados apresuradamente.

4.   En un grupo de trabajo multidisciplinar hay conflicto debido al procedimiento que deben de seguir para realizar la tarea, tienen que buscar una solución común con las aportaciones de cada unos de los miembros, nos encontramos en una situación de:

a. Interdependencia positiva.
b. Interdependencia reciproca.
c. Interdependencia negativa
d. Interdependencia de tarea.

5.   Luis acaba de reunirse con uno de sus principales proveedores. Ante la situación actual de crisis, le ha informado de una subida del 20% del precio de los productos. Esto le ha generado un conflicto a Luis ya que a estas alturas del año cambiar de proveedor es arriesgado, es por esto por lo que se plantea aceptar, de momento, subida de precios que le propone. Podemos afirmar que Luis:

a.   Tiene intención de gestión del conflicto de compromiso.
b.   Tiene intención de gestión del conflicto de competición.
c.   Tiene intención de gestión del conflicto de servilismo.
d.   Tiene intención de gestión del conflicto de evitación.

6.   En la empresa UNIRSE el equipo de marketing ha entrado en conflicto porque afirma que la dirección no está siguiendo la política de promoción establecidas por la empresa desde sus inicios. Esto se considera un foco o fuente potencial de conflicto debido a....

a.   Recursos escasos.
b.   Desacuerdos sobre procedimientos y reglas colectivas.
c.   Dependencia en el desarrollo de las actividades de trabajo.
d.   Diferencia en ideas y opiniones.

7.   "María Montañés desea satisfacer sus intereses, aunque no a costa de romper las relaciones interpersonales con los directores generales por lo que estaría dispuesta a integrar algunas de las sugerencias de los directores dentro de su plan estratégico, llegando a un mínimo aceptable para ambos". Esto sería un claro ejemplo de intención conductual de gestión del conflicto de...

a.   Evitación.
b.   Competir.
c.   Cooperar.
d.   Compromiso.

8.   Los directores departamentales de la organización Arlam no están de acuerdo con que no se haya ascendido a uno de ellos, y en su lugar se contrate a alguien externo, que además implementa un nuevo plan estratégico. Estas dos partes tienen más probablemente un conflicto:

a.   Inter-organizacional.
b.   Inter-grupal.
c.   Intermedio.
d.   Inter-individual.

9.   Como profesional de RRHH encuentras que las partes del conflicto que estás analizando tienen alguna dificultad en la identificación de los síntomas como síntomas del conflicto ¿Qué recomendaciones o estrategias de gestión positiva ofrecerías?

a. Ayudar a las partes implicadas para separar el síntoma de su fuente.
b. Trabajar las habilidades sociales y la inteligencia emocional.
c. Identificar las partes en conflicto ¿Quiénes tienen el conflicto?
d. Estimular el conflicto, ya que el nivel de tensión es muy bajo.

10.   En tu análisis de la gestión del conflicto de la empresa Arlan te has dado cuenta, cuando has evaluado la descripción del conflicto, que existen divergencias en la identificación del foco del conflicto. ¿Qué estrategia/s usarías para superar esta dificultad?

a. Analizar los resultados del conflicto.
b. Usar alguna técnica para hallar las causas de tal divergencia. Por ejemplo, el diagrama de causa-efecto.
c. Evaluar y describir el conflicto. Por ejemplo, quién, qué, cuándo, cómo, etc.
d. Proponer un protocolo de actuación para analizar el conflicto desde las percepciones de las partes implicadas.

PARA MÁS INFORMACIÓN...

REFERENCIAS BIBLIOGRÁFICAS

- González, P., Llinares, L.I. y Zurriaga, R. (2012). Gestión positiva del conflicto organizacional. Madrid: Síntesis.

- Huapaya, C. A. A. (2022). Liderazgo en la negociación y manejo de conflictos para una organización. Ciencia Latina Revista Científica Multidisciplinar, 6(2), 4691-4715.

- Kfouri, J., & Lee, P. E. (2019). Conflict among colleagues: Health care providers feel undertrained and unprepared to manage inevitable workplace conflict. Journal of Obstetrics and Gynecology Canada, 41(1), 15-20.

- Martínez, E. & Zornoza, A. (2010). La evolución del conflicto de tarea, el conflicto de relación y el conflicto de proceso en equipos virtuales: el papel del entrenamiento. Anuario de psicología de la Sociedad Valenciana de Psicología, 13(1), 225-241.

- Ormanović, Š., Alić, H., Talović, M., Jelešković, E., Ćirić, A., Salkanović, N., & Kalušić, A. (2022). Cause of Conflicts in Organizations. Homo Sporticus, 24 (2), 37-44.

- Petrone, P. (2022). Características del conflicto en las organizaciones de salud y estrategias para su resolución. Revista colombiana de Cirugía, 37(1), Robbins, 2004

- Schermerhom, J. R. (1989). Management for Productivity. New York: John Wiley.

- Thomas, K.W. (1976). Conflict and Conflict Management. En Dunnette, M.D. (ed.). Handbook of Industrial and Organizational Psychology, Chicago: Rand McNally.

- Thomas, K.W. (1992). Conflict and Negotiation processes in organizations. En M.D. Dunnette y L.M. Hough (Ed.), Handbook of industrial & Organizational Psychology, (vol. 3, 2nd Ed., pp. 651-717). Palo Alto, CA: Consulting Psychologists Press.